為推進中國特色社會主義司法制度作出新貢獻

二〇〇九年八月 王勝俊

中国少年司法

2014 年第 2 辑 （总第 20 辑）

沈德咏 主编

黄尔梅 副主编

最高人民法院少年法庭指导小组 编

人民法院出版社

图书在版编目（CIP）数据

中国少年司法．2014年．第2辑：总第20辑/沈德咏主编．
－北京：人民法院出版社，2014.9
ISBN 978－7－5109－1044－9

Ⅰ．①中…　Ⅱ．①沈…　Ⅲ．①青少年犯罪－司法制度
－研究－中国　Ⅳ．①D926.8

中国版本图书馆CIP数据核字（2014）第214315号

中国少年司法　2014年第2辑（总第20辑）
主编　沈德咏　**副主编**　黄尔梅
最高人民法院少年法庭指导小组　编

责任编辑　肖瑾璟
出版发行　人民法院出版社
地　　址　北京市东城区东交民巷27号（100745）
电　　话　（010）67550562（责任编辑）　67550558（发行部查询）
65223677（读者服务部）
网　　址　http://www.courtbook.com.cn
E－mail　courtpress@sohu.com
印　　刷　三河市国英印务有限公司
经　　销　新华书店

开　　本　787×1092毫米　1/16
字　　数　200千字
印　　张　11.5
版　　次　2014年9月第1版　2014年9月第1次印刷
书　　号　ISBN 978－7－5109－1044－9
定　　价　38.00元

《中国少年司法》编辑委员会

目 录

【政策与精神】

【理论与实务研究】

【改革与探索】

【政策与精神】

在全国人大常委会未成年人保护法执法检查组第一次全体会议上的发言

最高人民法院常务副院长　沈德咏

（2014年4月10日）

未成年人保护法的制定与实施，是我国未成年人保护工作发展史上的里程碑，对保障未成年人合法权益、促进未成年人健康成长发挥了极为重要的作用。2007年6月1日未成年人保护法修订之后，进一步健全和完善了未成年人司法保护制度体系，为人民法院充分发挥审判职能作用，进一步加强对未成年人的司法保护，提供了切实有力的法律依据。2008年6月，第十一届全国人大常委会开展了未成年人保护法修订实施以来的第一次执法检查。最高人民法院高度重视执法检查及审议情况，针对其中存在的问题，积极开展未成年人审判调研，及时提出落实整改措施，努力推进少年司法制度改革，进一步提升司法保护意识，切实加强对涉案未成年人合法权益的全方位保护，取得了较好的法律效果和社会效果。

一、强化审判职能，努力提供更加有效的司法保护

自2008年以来，全国法院依法审理拐卖儿童、猥亵儿童、嫖宿幼女、组织儿童乞讨等侵害未成年人合法权益的刑事案件21870件，惩处罪犯26927人。六年来，依法对159249名未成年被告人适用非监禁刑或免予刑事处罚，占全部未成年被告人的37.7%；依法审理涉及未成年人抚养、抚育、监护、探视等民事案件共计468767件，同比增长了23.99%。

为把未成年人保护法“教育、感化、挽救”方针、“特殊、优先”保护

司法理念落到实处，切实体现司法的人文关怀，全国法院少年法庭广泛采取符合未成年人身心发展特点的审理、执行方式，主要体现在以下几个方面：坚持“寓教于审”制度，注重对未成年被告人的法庭教育，对犯罪的未成年人予以适当惩戒的同时，强化对未成年被告人的教育和引导。实行社会调查报告制度，从团委、妇联、关工委、学校等单位，选任政治素质高、热心未成年人保护事业的社会调查员，对未成年被告人进行庭前社会调查。实行未成年人轻罪犯罪记录封存制度，促使轻罪未成年人顺利回归社会。推行“圆桌审判”方式，用语重心长的教育，通俗易懂的语言，营造平缓宽松的法庭气氛，使未成年被告人更容易接受判决结果，并促其真心悔过。引入“心理干预机制”，加强对未成年当事人的心理疏导，缓解未成年当事人的紧张情绪，消除其心理障碍，矫正其不健康心理，为法院裁判提供科学参考，为判后有针对性的矫治提供客观依据。探索未成年人刑事案件“量刑规范化”，避免对未成年被告人量刑失衡，切实维护未成年被告人的合法权益，增进改造效果。建立健全帮教工作机制，实行长期帮教、定期回访、积极预防三结合，建立和规范未成年服刑、缓刑、假释的个人档案，协助未成年犯管教所和社区矫正部门做好帮教工作。拓展未成年人民事和行政案件审判途径，创造性地提出“积极、优先、亲和、关怀”的司法理念，引入“社会观护员”制度，注重调解，创建“诉讼教育引导”制度，设立立案、审理、执行有序衔接的“绿色通道”等。

二、完善配套规范，建立健全未成年人司法工作体系

从2008年6月未成年人保护法执法检查以来，最高人民法院在全国人大常委会的监督和指导下，针对未成年人保护工作中出现的新情况、新问题，及时制定工作对策和措施，不断健全、完善落实未成年人保护法的配套工作体系。2009年3月发布的人民法院第三个五年改革纲要，提出完善未成年人案件审判制度和机构设置，推行适合未成年人生理特点和心理特征的案件审理方式及刑罚执行方式的改革。2010年7月最高人民法院出台《关于进一步加强少年法庭工作的意见》，从组织领导、队伍建设、工作制度、考核保障等七个方面对人民法院未成年人司法工作提出了更高要求。同年8月，最高人民法院和中央综治委等六个部门共同制定出台《关于进一步建立和完善办理未成年人刑事案件配套工作体系的若干意见》，建立健全办理未成年人刑事案件配套工作的协调和监督机制。2013年5月出台未成年人犯罪特别程序的司法解释，进一步将未成年人保护法的有关方针、原则具体

化。同年10月最高人民法院又会同最高人民检察院、公安部、司法部发布了《关于依法惩治性侵未成年人犯罪的意见》，为从严惩治性侵未成年人犯罪提供了具有可操作性的依据。此外，最高人民法院还积极推进《社区矫正实施办法》《创建“青少年维权岗”活动指导意见》等规范性文件的起草与会签，下发调整少年法庭受理未成年人民事案件范围的通知，修订发布未成年人刑事裁判文书样式，进一步规范少年法庭的司法行为，促进未成年人司法工作体系建设。

三、健全机构队伍，不断夯实少年法庭工作基础

未成年人保护法规定，对办理未成年人犯罪案件和涉及未成年人权益保护案件，根据需要可以“设立专门机构或者指定专人办理”。按照这一工作要求，全国法院进一步加强了少年法庭组织机构和队伍建设。最高人民法院成立了独立建制的少年法庭工作办公室，进一步强化了对全国法院少年法庭工作的指导。各高级人民法院大多明确了专门指导少年法庭的工作部门，上海、北京还率先成立了独立的少年法庭机构。截至目前，全国法院共有少年法庭2300余个，少年法庭法官与审判辅助人员10000余名。2012年8月，最高人民法院召开了全国法院第六次少年法庭工作会议，着重强调和部署了少年法庭机构和队伍建设问题。会后，最高人民法院进一步扩大了自2006年以来开展的未成年人案件综合审判庭试点范围，试点中院由原来的17个扩大到49个，除西藏拉萨以外，各省会城市中院都实行未成年人刑事、民事、行政案件的集中管辖审判，未成年人司法保护工作专业化、规范化、制度化建设得到明显加强。

四、加强宣传引导，积极营造法律实施的良好氛围

最高人民法院始终以少年法庭工作为抓手，不断加大宣传力度，促进社会各界共同关心、关注未成年人司法保护工作，积极营造有利于未成年人保护法实施的社会环境。以人民法院报为平台，积极组织开展落实未成年人保护法有关规定的系列宣传报道活动。积极协调配合《人民日报》《法制日报》《光明日报》等国家主要媒体及相关部门开展贯彻执行未成年人保护法的宣传。拍摄反映以人民法院少年法庭工作为背景的影片《南平红荔》，让未成年司法保护工作充分面向社会，使更多的人了解、参与未成年人司法工作。编辑出版连续出版物《中国少年司法》，按季度出版，成立审判理论研究会少年司法制度专业委员会，为学习、贯彻未成年人保护法开辟新的园

地。重视并加强对少年法庭法官的定期专题培训，组织优秀法官介绍工作经验，注重发挥尚秀云、詹红荔等“法官妈妈”的示范引导作用。举办最高人民法院开放日活动，组织中小学生参观法庭，以案释法，首席大法官周强院长与来访的中小学生进行现场交流，切实增强未成年人的感性认识。推动并指导各地法院少年法庭深入中小学校，开展形式新颖、内容丰富的法制宣传教育活动，帮助和教育未成年人增强遵纪守法意识和自我保护能力。

最后，我们提出如下三点建议：

一是建议从中央综治委自上而下设立专门的未成年人司法工作机构，负责协调、组织、指导各政法机关在未成年人案件侦查、起诉、审判、执行等司法活动中的协助配合，切实改变目前各部门松散协作或者单打独斗的工作格局。

二是建议尽快制定《未成年人福利法》，建立普惠型的未成年人福利制度，尤其是对孤儿、弃婴、流浪儿童、贫困家庭儿童、服刑人员子女的福利问题，亟需作出统一的制度安排。

三是建议在符合条件的大中城市设立少年法院。上海高级人民法院早在2001年就正式报送了设立少年法院的请示，河南等七个高级人民法院也先后请示要求开展试点。最高人民法院就此开展了长期的专门调研和实质性论证，与立法机关、中央政法委等部门也做了大量的沟通工作。每年“两会”期间，人大代表、政协委员都会对设立少年法院提出相关议案。应当说，设立少年法院的条件已经比较成熟。

在少年司法制度与预防青少年犯罪研讨会上的讲话

胡云腾*

各位领导、各位嘉宾、朋友们：

大家上午好！今天，我们齐聚美丽的古城大同，隆重召开少年司法与预防青少年犯罪交流会，共同回顾人民法院少年司法发展历程，总结少年审判制度经验，共商人民法院少年审判工作发展大计，并就少年司法理论与实践中的热点、难点问题，促进沟通交流，不断推动少年司法工作的改革、完善与发展。在此，我对本次研讨会的召开表示衷心的祝贺！并预祝研讨会圆满成功。

新中国的少年司法已经走过60多年，少年法庭成立也已30年，今天的少年司法工作，如初生之阳，方兴未艾。作为本次会议的主办方，大同市中级人民法院虽然成立独立建制的少年法庭时间较晚，但其借鉴兄弟法院未成年人案件审判工作经验，将未成年人案件审判工作置于社会管理创新大局之下，紧紧围绕“建设一流少年审判队伍，争创一流少年法庭”的工作目标，把惩处犯罪与预防犯罪、教育手段与法律手段、法院审判与社会治安综合治理有机结合起来，逐渐走出一条法理与情理相结合，法律效果和社会效果相统一的未成年人案件审判之路。在此，我向大同市所有工作在少年司法审判第一线的法官们表示由衷的敬意。

少年司法内容丰富，充满生机与活力。它既与其他学科的理论相互贯通，又有自身的规律性和特殊性。作为少年司法工作的参与者，我深感少年司法深邃的学术魅力和凝重的社会责任。党的十八届三中全会对全面深化改革若干重大问题作出决定，提出深化司法体制改革，加快建设公正高效权威

* 最高人民法院审判委员会专职委员、研究室主任、中国预防青少年犯罪研究会副会长。

的社会主义司法制度。在这样的时代背景下，少年司法改革面临新的发展机遇，我们要抓住大好机遇，敢于探索，不辱使命，努力推动少年司法理论研究向纵深发展，促进少年司法实践再上新台阶。借此机会，我就少年司法制度的未来发展，谈三点想法，与大家共享。

一、创新审判模式，探索构建“大少审”工作格局

30年来，人民法院少年法庭始终坚持在改革中发展、在发展中创新的工作思路，不断积累经验，创新工作方法，少年法庭工作取得突出成绩。司法机关坚持“教育、感化、挽救”方针，人民法院贯彻落实宽严相济刑事政策，公安机关、检察机关对部分情节较轻的未成年人刑事案件作非罪处理，未成年人犯罪案件及涉案人数近年来大幅下降，预防青少年违法犯罪工作取得明显成效。同时，少年法庭日益面临因案源不足被逐渐边缘化的问题，全国大多数基层法院每年受理的未成年人刑事案件最多百余件，少则只有几件，涉少民事案件虽然逐年有所上升，但总的案件体量仍然过小，以南京中院为例，据统计，近三年来南京中基层法院共受理涉少刑事民事案件每年不超过1300件，全市少审法官44人，人均结案不足30件，而南京市基层法院审判人员人均结案数在150件左右，与普通刑事、民事审判庭相比，少年法庭无论受案总数还是人均办案量都有很大差距。像南京市法院这样的情况不在少数。尽管少年审判有其特殊性，需要开展很多的延伸帮教工作，但受案总量过小，使少年法庭在审判资源配置、人员培养、机构建设等方面受到严重影响，有些法院虽然以少年法庭的名义申请下编制，但将编制挪作他用，有的少年法庭不得不承担与少年审判无关的其他案件审判工作，甚至有的已成立的少年法庭被撤并。因此，探寻少年法庭新的发展路径，已是少年司法理论与实务界不得不面临的一大难题。

长期以来，党和国家始终把少年司法工作放在社会管理综合治理的大格局中去考虑，去推进。2012年8月召开的全国法院第六次少年法庭工作会议也明确提出，少年法庭工作要以“立足审判、适当延伸”为基础向“司法预防、全面维权”扩展转变。要以少年法庭工作为抓手，以维护社会和谐稳定、创建平安中国为目标，以更加开阔的视野，推进“大少审”工作格局建设。少年法庭不仅要对未成年被告人进行“教育、感化、挽救”，还有加强对未成年刑事被害人及证人、未成年被侵权人的特殊保护。对虽然没有直接侵害未成年人合法权益，但审判结果势必影响未成年人生活学习以及健康成长的案件类型，也应纳入少年法庭受案范围。

探索构建“大少审”工作格局，需要在两个方面拓展少年审判职能。一是有条件的法院，应当将婚姻家事案件纳入到少年法庭审理范围，逐步建立并完善少年及家事案件并轨审判机制。南京中院在这方面作出了有益探索，率先成立全国第一个少年及家事案件审判庭，该院的经验，为其他法院的探索实践提供了值得借鉴的范例。从世界发展趋势看，许多英美法系和大陆法系国家均把未成年人犯罪、未成年人监管、未成年人家庭事件作为一个整体事项，在单独的少年法院或少年家事法院予以管辖。美国、德国、澳大利亚、韩国、日本等国家都构建了完善的少年家事制度。我国台湾地区2012年施行的“少年家事法院组织法”，就把少年案件和家事案件同归少年家事法院管辖。一个有问题的孩子背后，一定有一个有问题的家庭，将婚姻家事案件纳入少年法庭审理范围，有利于少年法庭开展亲职教育，更有利于人民法院参与社会管理综合治理和对未成年人的权益保护及犯罪预防。成立少年及家事审判庭，符合并超越了最高人民法院关于未成年人案件综合审判庭的设立要求，是少年审判工作面临边缘化后的自我突破，实现了少年审判由偏重刑事逐渐转向刑民并举、全面维权的科学进化，是少年司法裁判思维和审判模式上的创新发展。二是加强对未成年人违法行为、不良行为干预机制的调研，不断总结经验，推动国家相关法律的修改，将未成年人违法案件逐步纳入少年司法领域。司法实践表明，有不良行为的少年更容易走上严重犯罪道路，加强对不良行为少年的司法干预和处置，有利于保障他们的合法权益，有利于从源头预防青少年犯罪。少年司法审判，不能总是作为最后一个环节。

二、优化资源配置，探索建立少年家事审判特殊工作机制

少年审判发展30年，少年刑事审判各项工作机制日趋完善，改革已进入深水区，而少年民事审判及家事审判的改革尚在浅滩，将涉少刑事审判中的社会调查、圆桌审判、合适成年人、心理矫正等工作机制纳入到涉少民事和家事审判维权范畴，探索符合未成年人身心特点和家事审判规律的特殊工作机制方法：建立亲职教育制度，为失足未成年人的父母或其他监护人提供系统、专业的家庭教育指导，以保障未成年人全面健康成长。北京市海淀区法院去年在全国率先开展“亲职教育”活动，对未成年人家长开设“如何为人父母”课程，为失足少年父母提供家庭监护责任及教育方面的指导，我认为这是一项十分有意义、非常值得总结推广的经验探索；建立家庭暴力预防惩治机制，保护妇女儿童的合法权益，克服和减少对家庭暴力行为的漠

视、推诿现象，健全完善家庭暴力行为的认定标准，对家庭暴力行为，应当进行法庭教育、当庭训诫甚至司法拘留，对已经认定为家庭暴力行为的，如果加害人继续实施家庭暴力行为屡教不改，法院可以通过签发“人身保护令”，加强受害人的人身保护；建立向弱者倾斜的举证责任制度。考虑到弱势群体利益和当事人的诉讼能力，在少年家事案件中，可以采取不同于普通刑事民事案件特殊的举证责任分配机制。针对少年家事案件当事人为弱势家庭成员或诉讼能力偏低的情况，不限于当事人举证，法院可以依职权主动调查当事人未主张或未提出的事项，弥补当事人诉讼能力上的不足，从而最大限度地维护未成年人或弱势群体的合法权益；建立化解家事矛盾的社会联动机制。家事矛盾处理不好，未成年人就很难有一个健康的成长环境。解决家事矛盾，仅仅依靠法院的审理是不够的，还需要借助社会各界的力量，要搭建好家事纠纷综合解决的平台，促进家事调解员、社工队伍的建立和完善，委托街道、团委、妇联及有关机构对家事纠纷进行调解，鼓励院外专业机构和人员介入家事案件调解，以使家事纠纷得到合法、合情、合理的解决，从源头上维护好未成年人的合法权益；探索建立少年家事案件的特殊程序。家事案件和涉少刑事民事案件共生共融，涉少刑事民事案件均与家庭关系情况息息相关，很多家事案件如离婚、继承案件也直接关系到未成年人利益，现有的涉少刑事民事审判特色制度，对构建少年家事案件特殊审判程序大有裨益，值得借鉴。比如将涉少刑事审判工作中的心理干预机制、亲情圆桌审判方式应用到家事案件审判中，促进当事人化解家庭矛盾，修复家庭关系，引导当事人通过协商、和解的方式化解争议，保证家事案件案结事了。

三、加强调查研究，努力解决少年家事审判工作中的新问题

少年家事案件的并轨审理，是少年司法发展的必然趋势，也为遭遇改革瓶颈的少年法庭提供了新的发展思路和契机。

要加强对少年家事案件并轨审理必要性和可行性调研。目前，最高人民法院对少年法庭是否受理涉少民事案件以外的家事案件没有做出明确规定，实践中做法也不一致，各地法院应当根据本院实际情况，适当调整少年法庭的受案范围，对案件总数和人均结案数都很少的少年法庭，可以将非涉少家事案件纳入少年法庭审理，避免因涉少案件不足而审理其他普通刑事案件，对涉少案件较多的少年法庭，可以不做调整，保持现有的审判模式和受案范围。

要加强对涉少案件和非涉少家事案件审判经验方式的调研，促进涉少案

件和非涉少家事案件在工作机制和审判经验上的相互借鉴、有序衔接。少年法庭受理家事案件，不是简单的一加一等于二，而是审判理念、经验、方式等各方面的有机融合，要产生一加一大于二的法律效果。

要加强对少年审判专业能力和技能的调研。我了解台湾地区对少年法官的要求很高，他们每四次要考试一次，考试通过方可继续担任少年法官。大陆对于少年法官的理念、能力和知识的考核，目前没有统一的标准和机制。我们要研究推动少年法官专业化的任用标准，用科学标准打造一支专业的少年家事法官队伍。

要加强审判资源科学配置的调研。从全国来看，少年法庭受理的涉少刑事案件总体量小，而家事案件总体量大，要避免因受理大量家事案件而进一步弱化涉少刑事案件的审判。涉少刑事审判是少年法庭建庭之基，立庭之本，少年法庭很多特色制度均来自于涉少刑事审判，因此，受理家事案件的少年法庭仍要配备足够的刑事审判法官，认真做好涉少刑事案件审判，既要完成既定动作，还要有不断创新的自选动作，始终坚持少年法庭特色品牌不变。

要加强与科研院所的联系，增强协作意识，充分发挥各自的实践和理论资源优势，努力形成研究合力，借用专家学者的聪明才智和研究成果，共同解决少年家事审判工作中存在的问题和困难，比如少年家事审判人员结构问题、受案范围问题、审判法庭模式问题以及健全完善少年家事审判规范和制度问题等等。今天参加会议的各位专家，都是在少年司法领域有话语权的知名学者，希望通过你们的参与和建言献策，进一步优化少年家事审判工作机制和制度建设，进而推动少年家事法院试点早日实现。

谢谢大家！

【理论与实务研究】

轻缓刑未成年罪犯的矫正问题研究

——以全省法院少年审判工作为视角

四川省高级人民法院课题组

未成年人犯罪预防及其判处、改造矫正，历来是社会十分关注的。随着我国少年审判立法的逐步完善和司法改革跟进，针对未成年人犯罪的特殊性，尽可能依法对未成年人罪犯适用轻缓刑①，加大改造矫正力度，成为当前政法部门和社会各阶层关注、并亟待研究的重要问题。四川全省法院在司法实践中对未成年人犯罪采取有别于成年罪犯的做法，以教育、感化、挽救为基本理念，坚持惩罚为辅的原则，量刑上比照成年人犯罪从轻或者减轻处罚，放宽缓刑适用条件，并延伸审判职能，参与判后矫正，帮助未成年人罪犯良性、顺利回归社会。近期，我们通过考察全省未成年人案件审判工作，对判处轻缓刑罚未成年罪犯的改造矫正进行了深入调查和分析，就进一步加强少年审判推动轻缓刑未成年罪犯的矫正提出基本构想。

一、适用轻缓刑矫正未成年人罪犯的法治依据和实践认知

（一）适用轻缓刑罚矫正未成年人罪犯的法治依据

1. “教育、感化、挽救”方针。1991 年 9 月制定的未成年人保护法第三十八条规定：“对违法犯罪的未成年人，实行教育、感化、挽救的方针，坚持教育为主、惩罚为辅的原则”，该法对未成年人司法保护确定了“教

① 本文所称的“轻缓刑”指的是判处三年以下有期徒刑（含缓刑）、拘役（含缓刑）、管制、单处罚金的刑罚。

育、感化、挽救”方针。2006年修改该法时，第五十四条在肯定“教育、感化、挽救”方针基础上，作出了更为具体规定，增加“对违法犯罪的未成年人，应当依法从轻、减轻或者免除处罚”的规定。这一方针也体现在预防未成年人犯罪法中。

2.“宽严相济”刑事政策。2006年，中共中央第十六届第六次全体会议通过了《中共中央关于构建社会主义和谐社会若干重大问题的决定》，明确提出，“实施宽严相济的刑事司法政策，改革未成年人司法制度，积极推行社区矫正”。由此，宽严相济刑事政策作为执政党的重要政策正式出炉。2010年，最高人民法院发布了《关于贯彻宽严相济刑事政策的若干意见》，在第十五条、第二十条中均对未成年人适用依法从宽的要求作出具体规定。

3. 刑法立法对适用轻缓刑矫正未成年人罪犯的规定。1979年刑法第十四条和第四十四条是我国刑法对未成年人犯罪及刑罚适用的规定，体现了从宽处罚的原则及对未成年不适用死刑。1997年刑法第十七条对1979年刑法第十四条规定略微作修订。1997年刑法及其后的修改都保留了对未成年人不适用死刑的规定。这些规定，体现了对未成年人犯罪与刑罚裁量方面立法上的轻缓化。并且，在2011年《刑法修正案（八）》中，明确对未成年人犯罪不作为累犯处理，强调扩大缓刑的适用，对未成年人轻刑犯免除其前科报告义务，更是体现了矫正未成年人罪犯的刑罚轻缓化。

4. 刑事程序立法对适用轻缓刑矫正未成年人罪犯的规定。现行刑事诉讼法，在1979年我国制定的第一部刑事诉讼法基础上经过了1996年、2012年的两次修改。在2012年修改前，我国刑事诉讼法对未成年人刑事案件无特别程序规定，仅限于法定代理人到场制度、指定辩护人制度、不公开审理制度、取保候审不交保证金等规定。经2012年修改后，刑事诉讼立法则体现了进一步贯彻“教育、感化、挽救”的方针和教育为主、惩罚为辅的原则，并专门设立未成年人刑事案件的诉讼程序，不仅对总体原则及具体程序作了规定，还新增加了刑事案件附条件不起诉制度、犯罪记录封存制度和社会调查等制度，从程序制度上确保了矫正未成年人犯罪的轻缓刑罚适用。

5. 司法解释对适用轻缓刑矫正未成年人罪犯的指导性规定。主要体现在以下几个方面：一是最高人民法院针对未成年刑事案件审理出台的专门解释，如《关于办理少年刑事案件的若干规定》（试行）（1991年）、《关于办理未成年人刑事案件适用法律的若干问题的解释》（1995年）、《关于审理未成年人刑事案件具体应用法律若干问题的解释》（2005年）；二是与未成年人刑事案件审理相关的司法解释，如《关于进一步加强少年法庭工作的意见》（2010年）、《关于贯彻宽严相济刑事政策的若干意见》（2010年）、《关于适用〈中华人民共和国刑事诉讼法〉的解释》（2012年）等；三是与相关部门联合制定的相关指导性文件规定，如《最高人民法院、最高人民检察院、公安部、司法部关于办理少年刑事案件建立互相配套工作体系的通知》（1991年），《中央社会治安综合治理委员会预防青少年违法犯罪工作领导小组、最高人民法院、最高人民检察院、公安部、司法部、共青团中央关于进一步建立和完善办理未成年人刑事案件配套工作体系的若干意见》（2010年），最高人民法院、最高人民检察院、公安部、司法部联合制定了《社区矫正实施办法》（2012年）等。

（二）适用轻缓刑矫正未成年人罪犯的实践认知

1. 与未成年罪犯刑罚轻缓化趋势相适应，形成未成年人刑事司法的教育矫正基本理念。调研中，全面分析了省内其他地市州所报送未成年人审判工作情况材料，对全省多个地区进行了实地考察，并有针对性的对泸州、内江、自贡等地区进行了座谈，反映出全省各地法院在少年审判工作中，针对未成年人犯罪的特殊主体身份，依法判处轻缓刑，实践中形成了未成年人刑事司法的教育矫正基本理念，与未成年罪犯刑罚轻缓化相适应。这一基本理念从以下三个方面作了延伸：

（1）社会保护责任的理念。在未成年人刑事审判中，人民法院通过积极运用各种有效举措，重视对未成年被告人、未成年被害人、国家利益的保护。特别是在对未成年人适用轻缓刑罚方面，充分体现党和国家、社会对未成年人的教育保护的责任，积极发动社会力量，促进未成年人犯更好改造、回归社会，构建和谐社会、推动社会文明发展。

（2）依法治理的理念。国家在立法层面和刑事审判过程中，对那些实施具有严重危害社会并触犯刑法的行为，已经规定了严厉打击的条款和措施。而对于必须用刑法追究的未成年人，人民法院适用刑罚应当体现人道性和量刑以及行刑方面的宽容、轻缓的价值理念和制度取向，这在刑事立法中也得以充分体现。具体到未成年人犯罪案件的审判领域，就必须严格遵循法定原则、法定程序，最大化地修复被未成年人犯罪破坏的社会关系，通过严格依法治理，使未成年人犯罪问题得到明显好转。

（3）再教育的理念。未成年人思想单纯、可塑性强，身心特点适合接受教育，在能判处较轻刑罚就不要判处较重的刑罚，能判处较短的刑期就不要判处较长的刑期，这符合未成年人成长特点，可以引导其成为守法公民，从而促进未成年人罪犯的改造和回归社会，对构建和谐社会、推动社会文明发展有着重要作用。

2. 对未成年人刑罚轻缓化与未成年人罪犯矫正之间关系的认知。审判实践领域同理论界的研究都一样关注刑罚轻缓化与犯罪矫正的关系。对未成年人犯刑罚轻缓化的探讨和实践，同样不例外。

（1）适度未成年人犯刑罚轻缓化更有利于未成年人犯的改造与犯罪预防。在刑罚与改造、矫治、预防犯罪的关系中，刑罚流露出“具有教化改造、心理强制、威慑众人、计算幸福与痛苦等教育性的一面”，并用教育、改造的方法着重于犯罪人的改善，防止其再犯罪。刑罚轻缓化，并非使得刑罚变得“虚无”“弱化”“形式化”，其在强调谦抑、强调功利的同时，既保障人权，又惩治犯罪，更侧重刑罚的教育功能。具体到未成年人刑罚的轻缓化，则更有利于对罪犯的改造、矫治与犯罪预防。一是给已经犯罪的未成年人一个良性的改过自新成长空间和机会，发挥好刑罚教育功能，促成其更好地回归社会。二是一些配套措施能够确保刑罚轻缓化中法律效果与社会效果的统一。如对未成年人宣告缓刑同时准确适用禁止令，同样能够教育社会其他人不以身试法。三是适当的未成年人刑罚轻缓化能够有效节约司法的刑罚执行成本，并预防再犯罪。如非监禁刑罚适用未成年人对象通过社区矫正，矫治其犯罪心理和行为恶习，使其与社会发展保持协调一致，能够克服监禁刑矫治成本高、易交叉感染、监禁对象心理负担重等弊端，让其能够在社区矫正过程中创造积极的社会价值，为社会所认同，从而预防再次犯罪。

（2）滥用未成年人罪犯刑罚轻缓化可能导致未成年人犯罪上升。按照哲学上矛盾的对立统一原则，任何事物都有两个不同的方面。未成年人罪犯刑罚轻缓化与预防未成年人犯罪有着同一性的一面，同样，也有着对立性的一面。未成年人罪犯刑罚轻缓化一旦滥用，有违刑法罪责刑相适应原则，对罪犯矫正的效果不佳，就可能导致未成年人犯罪上升，二者关系处于矛盾中的对立。主要体现在三个方面：

一是未成年人沦为成年人犯罪的工具。未成年人刑罚轻缓化使得未成年人犯罪的社会成本极低，极为容易被成年人通过利用未成年人犯罪来谋取非法利益。

二是导致未成年被害人的报复性犯罪。实践中，报应刑思想是群众对立法和司法公正性进行评判的一个标准。在未成年案件中，被害人往往也是“未成年人”。在过度的未成年人轻缓刑罚趋势下，司法对未成年被告人过于关注、“保护”，并容易忽视对未成年被害人的权益维护，就极易导致未成年被害人产生失望和敌视社会的心理，从而使得未成年被害人在未成年刑事案件审判中因心理失衡所遭受到二次伤害，驱动未成年被害人产生强烈的复仇欲念，走向报复性犯罪。

三是未成年人对刑罚失去敬畏再次以身试法。滥用未成年人刑罚轻缓化，就可能在缺乏相关配套制度下，以教育、预防、挽救为由，或枉法裁判，或判决“失衡”，或判而不管，或判而不“教育”“感化”，就会放纵犯罪分子，导致罪犯“矫正”虚化，从而对刑罚失去敬畏之心，再次犯罪。

二、未成年人案件审判工作推动轻缓刑未成年罪犯矫正的现状

（一）未成年罪犯判处轻缓刑的基本情况

轻缓刑罚占比很高已成为当前未成年犯罪刑罚的一大趋势。据统计，2009至2013年，全省各级法院判处的未成年罪犯中，生效被告共计15926人，其中免于刑事处罚252人，给予刑事处罚15674人，适用轻缓刑的共计13219人，占给予刑事处罚人数的84.34%，占生效被告人数的83%。（详见图一）。

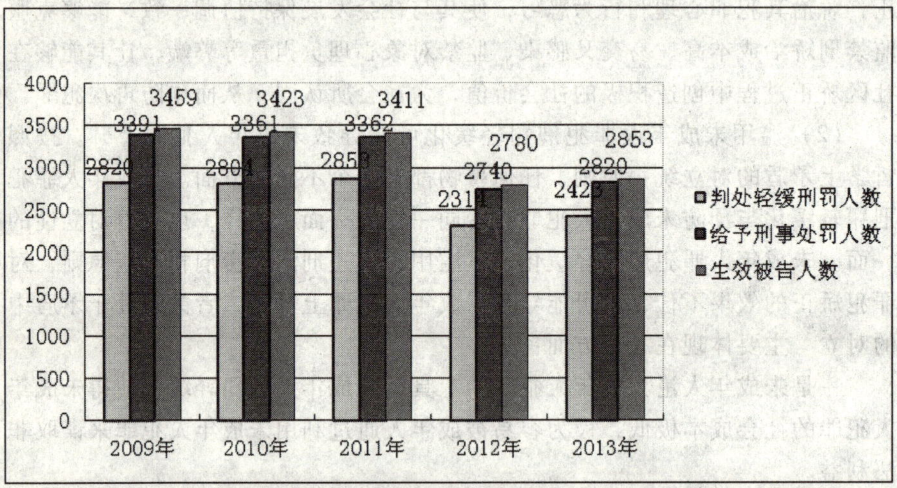

图一　2009～2013年未成年罪犯轻缓刑适用总体情况

从刑罚种类上看，轻缓刑的适用以有期徒刑、拘役缓刑和三年以下有

期徒刑为主，仅这两类刑罚就占到89.02%（详见图二）；

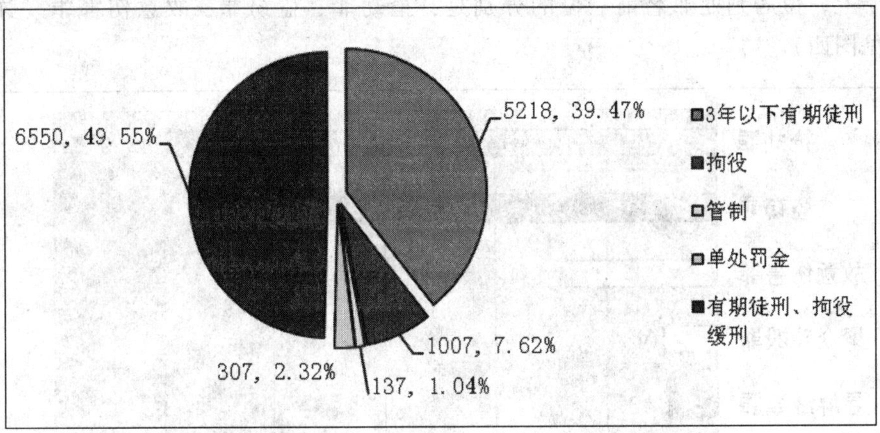

图二　2009～2013年未成年罪犯轻缓刑适用刑罚种类

从变化趋势上看，轻缓刑的适用比例走势相对平稳，轻刑率[①]、缓刑率[②]基本维持在84%、42%左右，上下浮动较小（详见图三）；

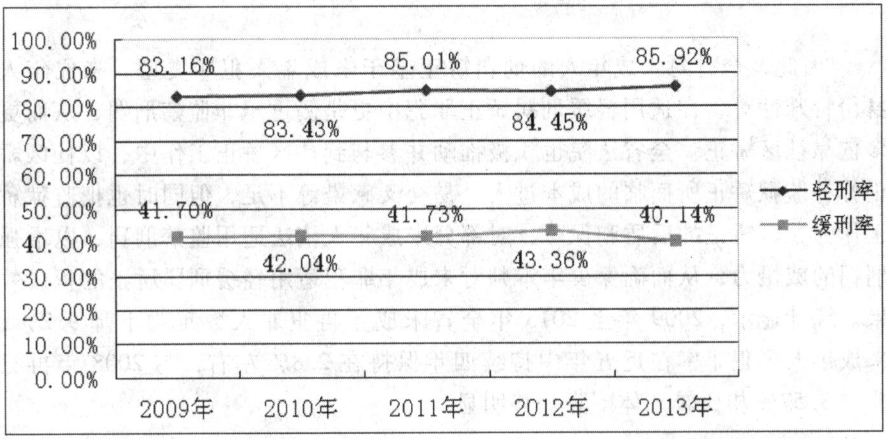

图三　2009～2013年未成年罪犯轻缓刑适用比例走势

① 本文所称的“轻刑率”指的是判处三年以下有期徒刑（含缓刑）、拘役（含缓刑）、管制、单处罚金人数占给予刑事处罚人数的比率。

② 本文所称的“缓刑率”指的是判处有期徒刑、拘役缓刑人数占给予刑事处罚人数的比率。

从所涉罪名上看，轻缓刑的适用主要集中在传统的侵犯财产、人身犯罪上，位居判处罪名前三位的分别是：抢劫罪、盗窃罪、故意伤害罪（详见图四）。

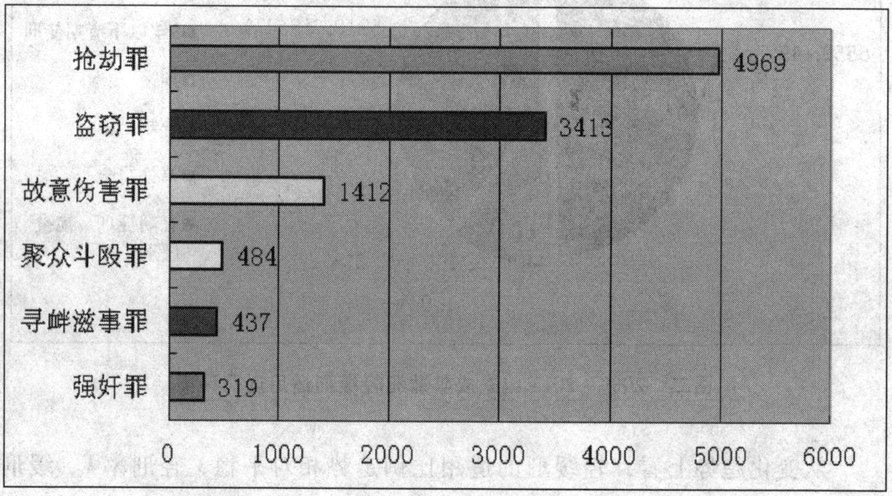

图四　2009～2013年未成年罪犯轻缓刑适用主要罪名

因此，全省对未成年人的刑罚矫正基于未成年人犯罪类型，未成年人身份特殊性等，在适用轻缓刑罚矫正罪犯中更是侧重于非监禁刑罚，从而更多依靠社区矫正。全省法院也积极推动并参与到社区矫正工作中，以社区矫正弥补监狱矫正所面临的成本过大、易交叉感染等不足，但同时也把监狱矫正作为社区矫正的后盾和保障，对部分未成年人依法适用监禁刑罚，以增强刑罚的威慑力，从而确保少年审判对未成年罪犯适用轻缓刑罚矫正的积极效果。统计显示，2009年至2013年全省未成年再犯罪人数年均下降9.2%，未成年人再犯罪率在近五年中持续四年保持在2.8%左右，与2008年再犯罪率3.57%相比较总体下降趋势明显。

（二）未成年人案件审判推动轻缓刑未成年罪犯矫正的组织保障

全省各级法院注重发挥少年法庭在矫正未成年罪犯上的阵地作用，严格按照最高人民法院的统一部署，在省法院的统一组织下，积极建立健全我省少年法庭机构、队伍，为推进轻缓刑未成年罪犯矫正工作奠定了坚实的组织保障。截至2013年底，全省22个中级法院，188个基层法院中，有18个法院设立了有独立建制的未成年人案件综合审判庭或刑事审判庭，其中成都中院、泸州中院、成都市武侯区法院、泸州市江阳区法院等8个法院设立了独立建制的未成年人案件综合审判庭；绵阳中院、绵阳市涪城区法院、内江市隆昌县法院、内江市资中县法院等10个法院设立了独立建制的刑事审判庭；有159个法院在刑庭或民庭设立了未成年人案件专门合议庭；有16个法院指定专人办理未成年人案件。且法官队伍中，已拥有一支由400余名少审法官、150余名少审书记员、200余名人民陪审员组成的少审队伍，法官学历为本科及以上的占大多数。

（三）未成年人案件审判推动轻缓刑未成年罪犯矫正的主要做法

全省各级法院严格执行法律、司法解释的规定，认真落实宽严相济的刑事政策，将“教育、感化、挽救”的方针贯彻于未成年人刑事审判的全过程，并针对轻缓刑罚占比很高的趋势，不断强化法院改造、矫正轻缓刑未成年罪犯的积极功能，缩小法庭审判对未成年人罪犯消极影响，努力实现法律效果与社会效果统一。具体做法是：

1. 大力开展庭前社会调查工作，筑牢少年审判矫正犯罪的基础。全省各级法院高度重视社会调查在未成年罪犯矫正中的基础作用，大力开展该项工作。在开庭前，主动深入未成年被告人所在的村、组、学校、家庭深入调查了解其性格特点、家庭情况、社会交往、成长经历、学犯罪原因、犯罪前后表现、监护教育等情况，或委托其他组织对上述情况进行调查，掌握其犯罪的主客观原因，主观恶性、对社会的危害程度，将调查报告作为量刑（特别是适用轻缓刑）的参考和在审判环节有针对性地开展法庭教育的重要资料。做到挽救未成年人能够对症下药，使其真诚悔罪。如成都市中院较早就开始探索社会调查制度，在经历了法官调查、委托社团组织调查的实践后，又设置了专门的“调查考察官”，负责庭前社会调查和庭后对未成年犯的考察工作，明显提高了社会调查的质量和效率。新刑事诉讼法实施后，内江市两级法院即在全市统一推行委托司法行政机关进行社会调查的规范模式。泸州市江阳区法院加强与本地高校的合作，在四川警察学院、泸州医学院法学系等院校聘请了多名师生，作为该院的兼职社会调查员，探索创新社会调查员制度。

2. 采取多种方式强化庭审教育，突出少年审判矫正犯罪的环节。全省各级法院立足圆桌审判方式，将庭审教育作为改造和矫正未成年罪犯的重要环节抓好、用好。充分发挥公诉人、辩护人、法定代理人、合议庭等不同主体各自的优势，合力对未成年被告人进行劝导，帮助分析犯罪原因，讲解相关法律规定，既指出其所犯罪行的社会危害性，同时也向其表达社会、家庭、政府的关心、爱护，强调严肃与关爱并重的法庭气氛，拉近与未成年被告人的距离，消除其畏惧心理，将教育与感化有机结合，促使未成年被告人思想转化，树立正确的人生观和价值观，尽量消除再犯的可能性。如达州市中院将“陪审率”作为未成年人刑事案件的一项重要指标，通过选任团委、妇联、关工委、学校、居委会等单位的人员作为陪审员参与案件审理，强调人民陪审员在法庭教育中的作用，以情理教育感化未成年被告人。广安市广安区法院采用“法官寄语”的方式，对未成年被告人予以警示醒语、劝诫良语、励志状语，根据不同案件未成年人的不同心理，有的放矢地进行教育，为后续一系列的帮教活动打下坚实基础。内江市两级法院积极组织参与庭审的合适成年人、或邀请心理专家等开展判后“圆桌”座谈帮教，进行判后改造激励与心理矫正疏导。

3. 积极探索推广心理辅导机制，创新少年审判矫正犯罪的方法。全省各级法院十分注重心理学等社会科学在未成年罪犯的改造、矫正上发挥的积极作用。通过各种形式，对未成年被告人进行心理评估，运用心理干预手段，有针对性地实施心理辅导，缓解其情绪、心理，矫治其不良行为，帮助失足未成年人更好的融入到正常的学习和生活之中。如成都市青羊区法院把心理矫正机制与陪审员制度相结合，特邀心理咨询师参与案件审理，在庭审中对未成年被告人进行心理测评，结合法庭教育对其进行心理辅导，并根据需要安排心理咨询师参与回访帮教，在对未成年人罪犯的改造、矫正上效果明显。泸州市江阳区法院早在2010年就成立了全省首家“少年审判庭心理辅导中心”，帮助未成年人剖析犯罪心理，重塑社会人格，预防和减少未成年人重新犯罪，充分体现了司法对未成年人罪犯的人文关怀。内江市资中县法院成立“青少年法治教育活动基地”，邀请专职心理辅导员，引入“心理疏导机制”，开展庭审帮教。

4. 试行规范犯罪记录封存制度，推进少年审判矫正犯罪的保障。全省各级法院认真贯彻新刑事诉讼法规定的未成年人轻罪犯罪记录封存制度，严格自身档案管理，并积极促进相关单位推动该项工作，最大限度地消除刑罚给未成年罪犯升学、就业等带来的负面影响，为更好地改造、矫正未成年罪犯提供了有力的权益性制度保障。如绵阳市中院制定了未成年人犯罪记录封存的操作细则，规定对未成年人刑事案件卷宗封面加盖“保密”章，在档案库单独归类保存，外单位人员前来查阅此类案件，必须由院办公室和案件原承办庭室审查其是否具有法定查阅资格。内江市隆昌县法院与公、检、司及县综治办、县团委、县妇联、县关工委、县教育局联合出台《隆昌县未成年人犯罪记录封存实施办法》，以文件的形式规范各部门的行为，充分保障了未成年罪犯的合法权益。

5. 全方位构建回访、帮教体系，强化少年审判矫正犯罪的职能。全省各级法院积极延伸审判职能，发挥好法院在罪犯矫正中的优势，狠抓回访、帮教制度落实，并主动加强与相关单位的沟通交流，争取社会各界支持、协助，切实解决未成年罪犯复学、就业、回归社会等问题，构筑起从家庭、学校到社会的三位一体的全方位帮教网络，不断提升矫正未成年罪犯的效果。如成都中院为判处缓刑的未成年罪犯建立了回访帮教档案，与其结成“一帮一”的帮教对子，定期到社区、学校进行人对人、面对面的帮教回访，形成法院、社区、家庭共同教育未成年人，预防未成年人违法犯罪的整体合力。广安市广安区法院建立家庭回访、联合回访、远程回访等多元化的回访方式，尽力挽救未成年人犯，早日回归社会。乐山市马边县法院与县综治办、县教育局、县团委等部门联合出台了《关于落实被判处非监禁刑的未成年罪犯复学、升学问题的意见》，切实保障了非监禁刑未成年罪犯受教育的权利，受到各级领导高度评价。内江市中院诚邀社会爱心人士与缓刑未成年罪犯家庭结成帮扶对子，帮助解决未成年人罪犯家庭的具体监管困难；与自贡监狱建立常态工作联系机制，对监禁刑未成年罪犯开展定期回访，进行教育、帮扶。

三、少年审判工作推动轻缓刑未成年罪犯矫正的问题调查

（一）少年审判司法资源配置均衡化问题

司法资源是一种有限的公共资源，是司法活动的基础。当前，少年审判司法资源配置的不均衡化影响了当前少年审判工作在推动轻缓刑未成年人罪犯矫正的社会效果，对未成年人罪犯而言还在一定程度上体现了司法过程中的不平等。目前，少年审判司法资源配置不均衡主要体现在：

1. 少年法庭机构配置不均衡。以泸州、自贡、内江为例，仅泸州中级法院设置了有独立建制的未成年人案件综合审判庭，而该三地区的基层法院的少年法庭机构设置情况差异很大，泸州 7 个辖区基层法院 3 个基层法院有

独立编制的少年法庭，自贡6个辖区基层法院均未设置有独立编制的少年法庭，内江5个辖区基层法院设置3个独立编制的少年法庭。而全省未设置独立编制的少年法庭的中基层法院多数都是以专门的合议庭形式办理未成年人刑事案件，但在个别法院还尚无专门人员办理未成年人刑事案件或无长期稳定专门办理未成年人刑事案件的办案人员。

2. 少年审判专业化人员配置不均衡。独立建制的少年法庭比未成年人案件合议庭或专人办理未成年人案件在少年审判人员配置方面更加专业化，更能够保障未成年案件审判质量，提升未成年人案件的办案效果。但就独立建制的少年法庭人员配置看同样存在不均衡。以成都、乐山、泸州三地独立建制少年法庭的人员配置情况（见图五）为例，成都2个独立建制少年法庭的法官人数占所在地区21个少年法庭机构的法官总数比例是23.19％，其中在独立建制少年法庭中，女法官占到62.5%，审判员占50%，35岁～45岁的少年法庭法官占37.50%，硕士学历法官3人。法官人力配置十分有保障。乐山、泸州两地区分别设立有1个、4个独立建制的少年法庭，独立建制少年法庭的法官占所在地区少年法庭机构法官总数比分别是10.34%、

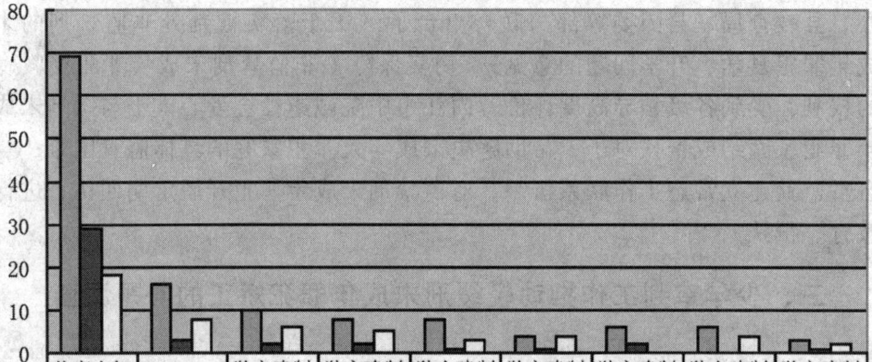

	从事少年审判法官总数	独立建制庭法官数	独立建制庭女法官数	独立建制庭中审判员	独立建制庭中助审员	独立建制庭35岁以下法官	独立建制庭35-45岁法官	独立建制庭45岁以上法官	独立建制庭中硕士学历法官
成都（中院及20个基层法院）	69	16	10	8	8	4	6	6	3
乐山（中院及11个基层法院）	29	3	2	2	1	1	2	0	1
泸州（中院及7个基层法院）	18	8	6	5	3	4	0	4	2

图五　成都、乐山、泸州独立建制少年法庭法官配置的情况（单位：人）

44.44%，乐山地区独立建制少年法庭按照合议庭法官人数3人配置，而泸州法院则每个独立建制少年法庭法官平均人数为2人，人数配置偏少。在乐山、泸州两地独立建制的少年法庭人员中，女法官分别占66.67%、75%；审判员分别占66.67%、62.5 %；35岁~45岁的少年法庭法官分别占66.67%、0（泸州35岁以下所占比是50%，45岁以上所占比是50%）；硕士学历分别是1人、2人。

因此，从调研情况看，成都、乐山、泸州在对独立建制的少年法庭的人员专业化配置方面，无论女性法官配选，还是具体到法官职业资历、年龄状况、专业学历等还是有明显的差异。这种状况在全省其他独立建制的少年法庭中也普遍存在，甚至，在一些地方虽已经建立了独立建制的少年法庭，但人员与其他业务庭室是“两块牌子一套人马”，这势必影响到少年法庭的职能职责的正常发挥。调查中，还反映出：少审法官主要是依靠长期的办案经验积累或个人自学掌握了一些较为基础的教育学、心理学、社会学等方面的知识，专门参加教育学、心理学、专业学方面的专门培训并不多。以所调查的成都、乐山、泸州三地成立的7个独立建制少年法庭的人员培训情况为例，仅成都中院、泸州江阳区法院和龙马潭区法院3个独立建制的少年法庭派员参加过培训。

3. 少年审判的审判管理资源配置不均衡。主要是在对少年审判的管理与考核评价体系方面未区别少年审判工作的特殊性和少年审判工作规律，与其他业务庭工作设置同样管理与考核的指标，明显缺乏科学性。在目前，全省对少审法官的考评仍以案件数量为主，忽视了其承担的调查、教育、帮教回访等大量相关工作的评价，严重影响了少审法官的积极性，导致多数法院对未成年人罪犯开展教育、帮教程序化和形式化。

（二）少年审判制度规范化问题

对轻缓刑未成年罪犯的改造矫正，离不开相关制度规范的保障。虽然新刑事诉讼法专章增设了未成年人刑事案件诉讼程序，将庭前社会调查、分案处理、轻罪犯罪记录封存等制度纳入了法律规定，实现了有法可依，但是法律条文对这些制度规定得较为简单、原则，司法实践中仍存在许多亟须完善的地方。

1. 社会调查的不规范。未成年社会调查报告的功能是矫正[①]，新刑事诉讼法实施后，各地都在未成年人刑事案件中开展社会调查，但法院一家唱独角戏的现象仍然存在，审前社会调查尚未覆盖未成年人刑事诉讼各个阶段等，社会调查开展的不规范十分明显。从调研座谈中收集到情况，社会调查的不规范主要集中反映在五个方面：一是缺乏跨区域社会调查的委托与协助机制，即使能够委托，但存在不能得到调查报告的及时提交；二是一些法院开展社会调查成为“形式”，人民法院委托社会调查报告未提交至法院就已经进行审理判决；三是社会调查报告的结论未充分进行庭审质证；四是社会调查因委托调查机关、被委托开展社会调查的社会组织的不同，存在社会调查衔接机制、调查内容、调查方式等方面的差异化；五是社会调查工作人员的不同配置、承担不同的工作职责、具体工作能力也直接影响到社会调查报告质量。调研中，有地方反映，被委托社会调查组织提交的社会调查报告的内容重形式缺乏科学性，一些社会调查报告还存在不真实性等等。

2. 庭审教育的不规范。如何进行庭审教育，法庭教育的时间设置是在被告人最后陈述前，还是在法庭宣判阶段；法庭教育的内容重心是一成不变还是针对性的教育，哪些人适合参与法庭教育，法庭教育与未成年人案件不公开审理、隐私保护的处理，等等，这些问题都亟待规范解决。

3. 分案处理的不规范。新刑事诉讼法第二百六十九条规定“对被拘留、逮捕和执行刑罚的未成年人与成年人应当分别关押、分别管理、分别教育。”但在实践中，分案处理因涉及司法资源、案多人少等因素，实际中，分案处理占应当分案处理的未成年人案件并不高。主要是未成年人专门机构或专门人员办理在侦查、起诉、审判、执行缺乏对接；分庭审理在实践中会导致对同一犯罪事实可能做出不一致的认定；分案审理导致量刑上的不平衡；分案处理导致大量的劳动重复，影响审判效率等一些十分实际的问题。

4. 未成年人犯罪记录封存的不规范。目前，一些地方在积极探索未成年人犯罪记录封存，但各地对未成年人记录封在认识上，封存工作机制上，重视和保障方面等存在地域化和“部门化”。未成年人犯罪案件的侦查、起诉、审理、执行、社区矫正等各环节在一些地方是各自为阵；对未成年人犯罪记录档案封存的条件、程序及查询事项、保密义务等规定在一些地方各部门单位单独推行，“部门化”特征明显。

① 北京大学陈瑞华教授认为，未成年人社会调查报告的功能是矫正，包括往前追溯的功能与往后展望的功能，除了量刑，即处置，还要考虑对未成年人进行治疗、矫治，有利于他回归社会。参见杨飞雪、杨晓玲：《中美未成年人量刑前程序比较研究与展望》，载《法律适用》2010年第10期。

（三）轻缓刑未成年罪犯矫正协同化问题

未成年人再犯罪是多种因素诱发产生，但在一定程度上，未成年人的再犯率高还表明刑事司法制度对未成年犯罪人的教育和矫正并不成功。这次调研中，我们重点对泸州市江阳区法院、自贡市荣县法院 2011 年至 2013 年的未成年人再犯罪案件作了分析（见表 1）。从调查中，反映出当前未成年人罪犯重新犯罪的一般间隔时间较短，所犯罪行一致或相近居多，共同犯罪较突出，社区矫正存在矫正“失控”，法院未参与判后帮教等，但未发生在校生再犯罪。从调查的 16 名未成年罪犯再犯罪看，在初犯被判决有罪后，并没有得到充分的矫正，未成年罪犯缺乏社会关怀、家庭管教、学校管教等约束，往往导致他们重新走向犯罪。

表 1　泸州市江阳区、自贡市荣县 2011 年 ~2013 年未成年人重新犯罪统计

法院	判决未成年罪犯	未成年人重新犯罪	未成年人再犯率	重新犯罪在初次判罪后情况		重新犯罪是否共同犯		重新犯罪是否在校生	重新犯罪间隔			前后罪名		
				接受社区矫正	法院判后延伸帮教	是	否		1年	2年	3年	一致	相近	不相近
泸州市江阳区	202 人	9 人	4.46%	9	0	8	1	否	5	3	1	5	0	4
自贡市荣县	107 人	7 人	6.54%	5	0	4	3	否	0	7	0	3	3	1

对轻缓刑未成年罪犯的改造矫正，有待全社会的共同参与，形成合力。虽然《最高人民法院关于审理未成年人刑事案件的若干规定》《中央综治委预防青少年违法犯罪工作领导小组、最高人民法院、最高人民检察院、公安部、司法部、共青团中央关于进一步建立和完善办理未成年人刑事案件配套工作体系的若干意见》等规定在相关部门加强协同配合，共同做好未成年罪犯的教育、挽救工作方面提出了一定的要求，但具体如何操作没有统一规定，相关工作机制得不到顺畅运行，各部门的主动性、积极性难以有效调

动，造成了未成年罪犯改造、矫正工作的不衔接、不协调，对未成年人的社会帮教制度还存在着主体不明、职责不清、缺乏规范化的组织形式与管理制度以及帮教覆盖率低等问题。如对未成年人进行轻缓处理，有时得不到侦查机关、公诉机关等其他政法机关的理解和认可；未成年犯刑释或处以非监禁刑返回社会后，继续读书、就业困难，学校、工作单位不愿接收，往往出现法院一头热的情形；判处非监禁刑的未成年人由社区进行矫治，有时部门沟通上存在疏漏、工作措施落实不到位，民间机构、志愿者等参与帮教的社会资源难以有效整合；判后刑罚执行机构和社区矫正机构，因职能、职责、社会地位，社区矫正组织的工作人员素质等，存在对个案缺乏全面、深刻认知，帮教措施往往缺乏针对性；一些法院，因没有从事未成年审判的独立机构和专门工作人员，法院在判后没有及时结合审判权威性的影响力，对轻缓刑未成年罪犯进行判后帮教；等等。这些都在很大程度上反映出社会矫正的“一条龙”体系在协同协作方面的力度不够及不规范，也直接影响到对未成年罪犯的改造、矫正效果。

四、进一步加强轻缓刑未成年罪犯矫正的几点建议

未成年人犯罪问题在未成年罪犯轻缓化刑罚趋势下，法院审判工作所面临的工作任务更加繁重，少年司法审判权承载的社会功能也更具丰富。但未成年人罪犯矫正工作，绝非凭法院一家之力，一判即可，就可以矫正完成，还需要从社会各方面整合优质社会资源，联合各方力量，统一协调联动。因此，当前应当切实把未成年人罪犯矫正工作纳入到创新社会治理体制中，积极改进对未成年犯罪这一社会问题的治理方式。

从社会治理方式改进层面，我们认为：一是，积极探索建立专门的权威性统一协调机构，加强协调和组织保障，以更加有效地整合社会相关资源、人员、信息等，从而聚集各方社会力量能够依法、有序参与。二是，切实形成专门的资金保障机制，解决好专门人员参与、完成相关工作的支出成本，以及为他们正常参与、完成相关工作提供合理的社会资源保障。三是，重视对工作推进中的经验总结和具体问题的针对性调研，形成并不断完善具体的配套工作体系规则；同时，还应对对参与工作的人员在绩效评价、激励机制方面形成专门的制度并严格执行。

具体到全省少年审判工作层面，我们认为，全省法院应从以下几个方面加强对轻缓刑未成年罪犯的改造、矫正：

（一）加强未成年刑事审判专业机构队伍建设

专业化的机构队伍是做好轻缓刑未成年罪犯改造、矫正工作不可或缺的基础。立足少年法庭自身建设，进一步加强指导协调、上下联动，实现由点及面、以点带面的突破，建立健全少年法庭机构队伍，推动各地配齐、配强少审力量。适时组织人员对全省少年法庭组织机构建设情况进行督导检查，争取在全省消除既无机构又未指定专门人员办理未成年人案件的现象；加大培训力度，以刑事诉讼法修改后未成年人刑事案件诉讼程序实施过程中出现的问题，未成年人案件审判中的热点、难点，少年司法相关教育学、心理学、社会学知识等为内容，召开研讨会、工作会，以会代训，提高少审法官综合素质；研究制定科学的考评体系，合理考虑少审法官庭前庭后的延伸工作，形成长效机制，更好地激励少审法官投入到对未成年罪犯的改造、矫正工作中去。

（二）进一步完善未成年人刑事审判工作社会配套机制

以未成年人案件审判工作为桥梁，积极主动的推进政法系统共同参与的"政法一条龙"制度建设和社会组织共同参与的"社会一条龙"制度建设。坚持在党委领导下，加强与关工委、团委、妇联、工会、教育和劳动保障等单位、团体的联系与配合，整合各种资源和力量，实行综合治理，构建未成年人家庭、所在学校、工作单位、居住社区、有关组织、政府部门及司法机关有序参与的、全方位的预防未成年人违法犯罪体系。各地法院结合本地情况，努力争取或促进"党委领导、司法为主、社会参与、各负其责"的"大保护"格局的完善，形成各部门相互配合、相互支持、共同参与改造、矫正未成年罪犯的长效工作机制。

（三）建立文化教育与心理干预的辅助体系

不良文化已成为未成年人犯罪的直接诱因，对未成年人心理产生了不可忽视的腐蚀作用。文化教育与心理干预的辅助体系是指在未成年人的刑事审判中及未成年人刑罚执行中，需要重视健康文化对未成年人的熏陶，需要重视专业人员或专业心理辅导的辅助，科学引导未成年人心理走出心理失衡、心理极端，形成良好心态，正确主动接受教育，正确面对问题，积极改过自新。

法官在审理未成年人刑事案件中开展法庭教育，以及在延伸审判帮教中，可以从文化观念、伦理人情、法律适用等角度进行剖析、劝慰。但法官毕竟不是专业的心理学专家，因此，根据未成年人适用刑罚和教育、感化、挽救，可以借助文化教育、心理干预平台和专业人员的力量，通过理性指引，帮助未成年树立正确的人生观、价值观，自觉抵制错误的思想观念和享乐主义及各种不良因素的负面影响。另外，社区还应当在进一步加强社区文化与相关基础建设，尽量避免在对未成年人的监管帮教工作中，出现“无人员、无设施、无场所”的“三无社区”局面，以切实做到对非监禁刑罚的未成年人社区矫正对象能够“学业有教、监护有人、安全有保、亲情有护、活动有地”。

（四）建立和完善合适成年人参与审判制度

2012年刑事诉讼法首次以立法形式规定了未成年人刑事司法合适成年人制度。目前未成年人刑事司法合适成年人制度在理论和实践中都还处于逐步完善阶段。以内江市为例，该市隆昌法院、资中法院积极推进合适成年人参与审判，联合相关单位、组织建立了专门的合适成年人库，加强了合适成年人出庭保障机制建设，效果明显。但实践中，合适成年人参与审判制度一些问题在一些法院表现还很突出，如：仍有部分案件中未有合适成年人参与讯问和审判；合适成年人的选任范围、确定标准、管理手段、出庭补助、经费来源等具体操作方法没有完善；对参与未成年人庭审的合适成年人的裁判文书称谓，在裁判文书中表述为“合适成年人”是否准确恰当，等等。

因此，在实践中充分发挥好该项制度的功能，必须充分考虑该项制度未能在实践中发挥其功能的原因，应及时总结经验，并建立、完善该制度在未成年人刑事审判中的具体适用规则，最终使该制度在未成年人案件审判、未成年人刑罚适用，以及保护未成年人权益中发挥重要作用。

（五）充分发挥社会调查对未成年罪犯矫正的作用

刑事诉讼法第二百六十八条确立了未成年人社会调查制度。最高人民法院颁布实施的《关于审理未成年人刑事案件具体应用法律若干问题的解释》第十一条规定：“对未成年罪犯适用刑罚，应当充分考虑是否有利于未成年罪犯的教育和矫正……”联合国《少年司法制度最低限度标准规则》第16条要求，“所有案件除涉及轻微违法行为的案件，在主管当局作出判决之前，应对少年生活的背景和环境或犯罪的条件进行适当的调查，一边主管当局对案件作出明智的判决。”从这些规定看，对未成年人开展社会调查，其调查形成的社会调查报告是对未成年人刑罚轻缓化适用的重要量刑证据，有利于审判法官全面了解未成年被告人，从而对未成年被告人适用轻缓刑的可能性和适用轻缓化刑罚对其改造和矫治是否有利作出判断，同时以社会调查报告为依据，有针对性地进行法庭教育、矫正犯罪。

因此，应把社会调查纳入到未成年人适用刑罚的量刑体系中。建议：一方面，要加强并规范法院与公、检、司的协调、沟通，确保审判中发现社会调查中所存在问题的及时反馈；另一方面，尽可能将社会调查工作提前至公安机关、检察机关完成；再则，受委托的调查主体在进行社会调查时，应与未成年被告人所在地或居住地的派出所、社区等基层组织密切联系，建立常态化的调查机制与长效的沟通协商机制，共同推进社会调查工作的发展；第四，尽可能从全省层面，由省法院牵头，联合公安、检察院、司法行政机关，以及相关社会组织出台规范性文件，统一建立、完善社会调查的各项工作机制。

（六）推进未成年罪犯社区矫正工作

未成年罪犯身心发展尚不充分，是社区矫正的重要对象，对其实行社区矫正，有利于防止未成年人再犯罪，更好地实现其顺利回归社会的目标，可以说社区矫正是切实贯彻行刑社会化理念，有效改造、矫正未成年罪犯的一项重要举措。因此，各地法院不仅仅只是在判后延伸帮教中参与到社区矫正，支持社区矫正工作开展，更是要充分发挥法院在少年司法制度建设方面的优势资源，有必要从以下方面联合司法行政机关深入推进未成年罪犯社区矫正工作：一是共同助推未成年罪犯社区矫正队伍的充实。推进青少年事务社会工作者和社区志愿者等专兼职队伍建设，广泛动员社会力量参与未成年罪犯社区矫正工作，提高做好未成年犯社区矫正工作的能力和水平。二是共同助推社区矫正的内容和方式的创新。如通过让未成年罪犯进行适当公益劳动，组织开展针对未成年犯的团体活动和职业技术培训，聘请心理医生、心理学专家为未成年犯进行心理疏导等方式，丰富社区矫正内容，教育、帮助、引导和保护未成年罪犯。三是共同助推对未成年罪犯的预测分析与未成年犯罪预防、控制研究。根据未成年罪犯的年龄、成长经历、所犯罪行、犯罪动因和手段、判处刑期等因素，预测他们的再犯危险性和心理发展状况，个性化地确定矫正、帮教活动内容，最大限度预防重新犯罪。与社会科院机构等组织研究力量，加强未成年人犯罪实例、未成年人犯罪预防、控制的实证研究。

（七）推动社会宽容的保护体系建立

所谓社会宽容的保护体系是指对未成年人罪犯，社会应当在复学、技能培训、工作就业、社会救助、犯罪记录封存等方面不受限制、不受歧视，享有平等的权利，并得到社会的宽容与社会对其权利的合法保护。建立对未成年人罪犯的社会宽容的保护体系，在对未成年人轻缓化刑罚适用下，更有利于达到预防犯罪的社会效果。

因此，各地法院应积极推动和重视社会宽容的保护体系建立，从而更好地为轻缓刑未成年罪犯的矫正、改过自新、成长成才提供良好的社会环境支持。如：在未成年罪犯重新就学、技能培训、工作就业方面，司法机关应与教育主管部门及时沟通协调，让适龄的刑满释放的未成年人在学校继续受教育；达到就业年龄的，社会与劳动保障部门应当为其提供与普通人相同的就业培训机会与工作岗位，这对其远离犯罪至关重要。在对未成年人社会救助方面，对一些犯罪的未成年人因自然灾害、家庭困难等因素严重影响生活、学习，社会应当对其积极救助，防止其因社会困难，重蹈覆辙。在未成年人犯罪记录封存制度方面，需要认真执行新刑事诉讼法规定，并及时总结经验，进一步加强相关部门的联动协调，以规范性文件形式，尽可能最大化的细化操作规则，切实维护好未成年人合法权益。

禁止令：一纸难以轻易发出的禁令

——以未成年人刑事司法为视角

于　明*

发轫于近代实证法学派“保安处分”理论的禁止令制度，自《刑法修正案（八）》适用以来，成为我国刑事法制中独具特色的制度移植。目前全国各地法院已经相继发出含有禁止令内容的判决，从对象来看，其主要适用于未成年被告人。然而作为一种新生事物，禁止令制度的实施并没有发挥出其应有的功效，立法背后的本意非但没有实现，反而逐渐沦落到“形同虚置”的境地。如何正确、审慎地适用禁止令，将其真正贯彻到司法实践层面是我们在刑事司法工作中，尤其是未成年人刑事司法中亟需面临的重要任务。本文以此为出发点，在对禁止令进行制度剖析、比较研究的基础上，以司法实践中出现的未成人禁止令案例为考察对象，探寻制度背后的适用困境，就其立法及配套完善提出若干建议，并辐射至未成人社会调查、执行监管等实践操作层面，以便更好地服务于未成年刑事司法工作。

一、理性之维：规范表达与制度比较

（一）禁止令之规范表达

我国对于“禁止令”的称谓来源于《刑法修正案（八）》对于刑法第三十八条、七十二条的修订，这两条分别增加规定对于判处管制或者缓刑的犯罪分子，可以根据犯罪情况，同时禁止犯罪分子在管制期限或者缓刑考验期内从事特定活动，进入特定区域、场所，接触特定的人，同时对于违反禁止令规定的做出相应的处罚规定。为了依法正确适用禁止令，最高人民法

* 北京市石景山区人民法院助理审判员，中国政法大学法学硕士。

院、最高人民检察院、公安部和司法部联合发出了《关于对判处管制、宣告缓刑的犯罪分子适用禁止令有关问题的规定（试行）》（以下简称《规定》）。从法条表述上来看，禁止令有以下几方面的特性：

第一，从属性。即禁止令不是独立的刑罚，而是依附于管制和缓刑，只有被人民法院判处管制和宣告缓刑的罪犯才有可能适用禁止令。禁止令的作出是以被告人被判处管制或者缓刑为前提条件的，法官综合考量犯罪分子的犯罪原因、犯罪性质、犯罪手段、犯罪后的综合表现、个人一贯表现等情况，在对犯罪者判处管制或者缓刑的基础上作出禁止性命令，

第二，补充性。我国刑法条文中对于被判处管制或者缓刑犯所应遵循的基本义务都做了明确的规定，被判处禁止令的犯罪者不但要遵循管制犯或者缓刑犯的一般义务，也要遵循禁止令宣布的内容。从这个意义上来说，禁止令是对刑法规定的一般义务的补充和丰富，是对管制犯、缓刑犯具体执行监管措施的革新。

第三，强制性。禁止令的内容给服刑者划定了行为界限，如有违反，则有遭受处罚的可能。《刑法修正案（八）》规定：违反管制刑规定的禁止令的，由公安机关依照《中华人民共和国治安管理处罚法》的规定处罚；违反缓刑中的禁止令，则有被撤销缓刑执行原判刑罚的风险。因而，禁止令具有强制性。

（二）禁止令之理论渊源与制度比较

追问禁止令制度的理论渊源，我们可以回溯至刑罚近代学派创立之前德国法学家格尔德·克莱茵的保安处分理论。克莱茵主张，维护社会秩序和公共安全是刑事立法的唯一正当依据，因为“刑罚具有按显示的犯罪程度而定的确定内容，而保安处分则具有以行为者的人身危险性为基准而科处的不定期内容。”① 但该理论提出之初，克莱茵的理念并没有得到人们的关注，直至19世纪末20世纪初，以龙勃罗梭、菲利、李斯特为代表的实证法学家才将这一理论推广开来。他们认为：犯罪并不决定于犯罪人的自由意志，而是他赖以存在的生理原因、自然原因和社会原因综合作用的结果；不应当单纯依据道义的原因去惩罚他，犯罪人应负刑事责任在于保安社会；追究刑事责任时应考虑社会防卫之需要，而不在于责任的报应；刑罚只是社会自卫的次要手段，必须寻求替代措施，即采用矫正、隔离、治疗、禁戒等手段对行

① ［日］木村龟一：《刑法学词典》，顾肖荣等译，上海翻译出版公司1991年版，第465页。

为人进行改造，并以此作为防卫社会的主要手段。① 在随后的理论大潮当中，保安处分理论逐渐被各国立法者所接受，并且不断完善，成为与假释、缓刑一起标志了20世纪刑法改革方向的三驾马车之一。②

而具体到立法层面，较为突出地代表保安处分理论的即为德国法中的“指示”制度。德国《少年法院法》第10条规定：“指示是调整和规范犯罪少年生活的各项要求和禁令，并以此促进和确保对他的教育。但不得对其生活方式提出不可能实现之要求。”以此为据，德国法律界创新了各种针对未成年犯的禁止规定，例如，禁止其进入某些容易产生危害行为的社会场所，如夜总会、酒吧、歌舞厅、电子游戏厅；不得与不良社会人员交往，特别是以往在同一犯罪团伙的危险人员；在特定时间内不得外出，以防止自控能力差的服刑人员在容易发生危害行为的时间外出滋事；不得持有、携带或者让人保管可能向其提供再犯罪机会或者诱惑其再犯罪的特定物等。③

与德国少年法中的“指示”相比，从内容上来看，禁止令与“指示”基本相同，但在适用对象上，二者又有所不同，德国法律将“指示”的适用对象界定为“犯罪少年”，我国刑法对禁止令的适用对象界定与其有所交叉，亦有不同之处，其将适用对象限定为被判处管制或者缓刑的犯罪分子，不仅包括“犯罪少年”，还将成年犯罪者纳入进来，一定程度上扩大了禁止令的适用范围。同时又被专门指向“被判处管制或者缓刑”的犯罪分子，排除了其他刑罚中种类的适用。

（三）禁止令之适用意义

禁止令制度的创立在一定程度上是刑事司法理念更迭结果。传统的刑事司法观从责任理念出发，强调犯罪分子对其犯罪行为承担认知、消除直至接受处罚的责任，对犯罪分子责任追究以惩罚模式为主。但随着法制的进步，人们越来越清楚地认识到，单纯的强调对犯罪分子的惩罚并不能达到预防、惩戒犯罪的目的，于是在传统责任理念的基础上融入保护理念，甚至对于罪行轻微者或者未成年犯罪者，奉行以保护理念为主导，以责任理念为补充，不再单纯强调对于违法者的惩罚，而将司法运作的重心转移到对其进行社区

---

① 参见梁根林：《保安处分制度的中国命运》，载《中外法学》2001年第6期；左玉慧：《论现代保安处分制度的社会根源和法理基础》，载《福建公安高等专科学校学报》2003年第3期。

② 参见梁根林：《保安处分制度的中国命运》，载《中外法学》2001年第6期。

③ 赵国玲主编：《未成年人司法制度改革研究》，北京大学出版社2011年版，第346页。

矫正、恢复社会原来的面貌、促进犯罪分子早日融入社会等方面[①]——此即为保安处分理论的诞生初衷。禁止令即是在这种司法理念的推动下产生，以明确的方式规范服刑人员在社区矫正期间的行为，这既是对其犯罪行为报应的一种必然，也是促使其重新回归社会的一种需要。[②] 对于前一种意义自不待言，就后一种意义来说，依法正确适用禁止令，一方面是体现贯彻宽严相济刑事政策的要求，本着教育、改造、挽救失足人员的原则，给犯罪人员一个改过自新的机会。尤其是对于未成年被告人而言，让其对自己心智尚不成熟时犯下的错误承担过于严厉的后果，未免有些显失公平。另一方面，以缓刑或者管制的方式将犯罪人员置于社区矫正的监管之下，能够很大程度上避免监禁刑可能带来的交叉感染，防止其再次犯罪，危害社会。

二、实践考察：未成年人禁止令的适用现状

为考察禁止令的司法实践中的适用现状，笔者以北京市高级人民法院为平台，通过研读具体案件的方式对目前适用禁止令的23件未成年人案件进行考察，涉案未成年被告人27人，考察结果如下：

1. 从被判处禁止令的未成年被告人的身份来看，禁止令绝大多数适用于学生与辍学无业者，二者比例占到88.9%（如表一）。

表一　未成年禁止令适用对象的身份

身份属性	被告人数（人）	百分比
学生	11	40.7
无业人员	13	48.2
固定职业者	3	11.1

2. 从未成年人禁止令所依附的判决类型来看，禁止令主要依附于缓刑判决，原因在于司法实践中管制判处的整体数量较少（如表二）。

① ［美］丹尼尔·W. 凡奈思：《全球视野下的恢复性司法》，王莉译，载狄小华、李志刚编著：《刑事司法前沿问题——恢复性司法研究》，群众出版社2005年版，第67页。

② 赵国玲主编：《未成年人司法制度改革研究》，北京大学出版社2011年版，第346页。

表二　依附判决类型表

依附判决类型	案件（件）	百分比	被告人数（人）	百分比
管制	3	13.1	3	11.1
缓刑	20	86.9	24	88.9

3. 从未成年人禁止令所涉及的罪名来看，被判处禁止令的未成年人所触犯的罪名绝大多数都是暴力犯罪，此类犯罪案件总数占69.4%，涉案人数占74.1%（如表三）。

表三　未成年人禁止令涉及罪名

	罪名	案件（件）	百分比	被告人数（人）	百分比
暴力犯罪	寻衅滋事	4	17.4	6	22.2
	妨害公务	1	4.3	1	3.7
	故意伤害	8	34.8	9	33.3
	抢劫	3	13.1	4	14.8
盗窃		7	30.4	7	25.9

4. 从禁止令涉及的内容来看，单独适用一项或结合适用两项禁止款项的案件、涉案被告人较多，但亦有极个别案例适用三者结合的情况（如表四）。

表四　未成年人禁止令涉及的内容

禁止令的内容	案件数量（件）	被告人数（人）
特定活动	2	3
特定人	3	3
特定区域、场所	2	2
特定活动与特定人结合	4	5

禁止令的内容	案件数量（件）	被告人数（人）
特定活动与特定区域、场所	5	5
特定人与特定区域、场所结合	6	8
三者结合	1	1

5. 从被判处禁止令未成年被告人的户籍来看，禁止令主要适用于与判决作出法院所属地户籍相同的未成年被告人（如表五）。

表五　禁止令适用对象户籍情况

被告人户籍	被告人数（人）	百分比
本地户籍	22	81.5
外地户籍	5	18.5

三、问题审视：未成年人禁止令的适用困境

作为现代刑法理论成果映射到法律条文的一种体现，禁止令的立法与适用尚处于摸索阶段，审视其具体的条文设计与实务操作，我们不难发现其中尚有诸多难题亟待解决。

（一）立法与配套制度层面

1. 执行机关权利义务不明确

《规定》对禁止令的适用条件、原则方法、具体内容、后续执行等问题作了规定，但条文对于执行机关的规定过于简单，且无其他法律法规予以补充，导致执行机关的权利义务不明确。《规定》只是规定“禁止令由司法行政机关指导管理的社区矫正机构负责执行。”但对于社区矫正机关具体的权利义务，与审判机关如何衔接，违反相关义务的后续追责等问题都没有明文规定。在这种前提下，法院如果仅从单方面轻易宣布禁止令，当禁止令内容得不到切实执行时，相关责任方难免相互推诿，损害的不仅是法院判决的权威，更会影响服刑人员的矫正过程。

2. 未成年人禁止令的社会责任缺位

根据《规定》的条文，禁止令的内容虽然仅有三类，但又可分为十四个小类（禁止从事特定活动五小类，禁止进入特定区域、场所四小类，禁止接触特定人五小类），法院可以结合不同案情，不同被告人作出内容交叉、种类繁多的禁止令判决，单靠社区矫正机关一家机构执行难免力不从心。而相比成年服刑人员，未成年人思想活跃、自控力较弱、接触新鲜事物频繁，监管难度更大。因此，要切实落实禁止令的执行，需要禁止令涉及的社会行业、组织、人群的参与，而目前并没有配套制度将相关机关、组织、人员的社会责任纳入进来。

（二）适用层面

1. 因被告人户籍不同而导致的禁止令适用不平等

现阶段我国人口流动性较大，各地法院受理的外地户籍未成年刑事被人数占较重比例。① 人数较多的外地户籍未成年被告人将会给法官适用禁止令带来以下顾虑：

一是难以通过有效的庭前社会调查全面掌握未成年被告人的相关情况，为禁止令的适用提供参考。法官考虑是否对未成年被告人判决禁止令前，需根据未成年被告人的身份、职业、家庭状况、日常生活习惯、监管机构等相关情况，对其犯罪客观危害性，有无再次犯罪可能性、能否对其有效监管作出综合评价，庭前社会调查报告是法官信息重要来源，而对于外地户籍的未成年被告人，因时间、路途等因素限制，社会调查员一般难以通过实地考察的形式对其详细了解，形成的报告往往浮于表面、流于形式。法官在不充分了解被告人的情况下一般不会轻易适用禁止令。实践中禁止令大多适用于本地户籍未成年被告人的现状，也从侧面反映了这个问题。

二是执行衔接的困难导致法官不会轻易判处禁止令。在我国非监禁犯的矫正工作由服刑者户籍所在地的社区矫正矫正机关负责，受制于时间、路途等因素的限制，外地矫正机关很难配合法院完成对服刑者的“无缝衔接”，因此，实践中法院一般采用司法专邮的方式将执行手续通知服刑者户籍所在地或经常居住地的社区矫正机关，然而法院发出的执行通知往往没有回音，法官难以确定针对非监禁犯的监管措施是否到位。相比一般的非监禁犯，被

① 以笔者所在的法院为例，2008 年至 2010 年，我院判处的 128 名未成年人罪犯中，外地户籍未成年被告人有 89 人，占所有未成年人罪犯人数的 69.5%，2011 年 5 月 1 日至今，我院受理的 15 名未成年被告人中，外地户籍 10 人，占 66.7%。

判处禁止令者还要遵守额外的限制性规定，出于衔接困难的考虑，法官一般也不会轻易对外地户籍被告人判处缓刑或者管制，并适用禁止令。

2. 禁止令内容的界定不清导致衡量标准模糊

法院判决宣布的禁止令是服刑者的禁止性行为规范，一旦违反，服刑者可能就会遭受更加严重的处罚后果，因此，禁止令的内容一定要界定明确，否则不但服刑者难以衡量自身行为是否违反判决宣布的禁止性命令，监管者也会丧失监管标准。《规定》第三至第五条分别对禁止“从事特定活动”“进入特定区域、场所”“接触特定的人”做了列举，然而囿于法条规定的概括性与抽象性，在具体适用时会出现内容界定模糊、衡量标准缺失的情况。例如青岛市某区法院审结的未成年被告人李某故意伤害一案，17岁的李某逞一时哥们义气，将同学打伤，法院在判处李某缓刑的基础上，基于被告人李某没有完全赔偿被害人损失，同时发出禁止李某在缓刑考验期内从事“高消费”活动的禁止令。然而判决书中并没有明确界定达到何种程度的消费才谓“高消费”，“高消费”这个词语在日常使用中本身主观色彩较浓，身处不同阶层、不同地位的人，甚至是身处不同环境中的同一个人都会有不同的理解。将这样的一个词语用在禁止令行文之中，而又不加详细界定，难免会引起服刑者与监管者的理解混乱。再如，山西太原的少年耿某为帮朋友出气，持刀将人扎成重伤，耿某被法院判处有期徒刑三年，缓刑四年，并被禁止在缓刑期间接触两个“不良哥们儿”龙某和李某。然而，在现代网络信息社会背景下，“接触”一词早已经超越了面对面交流的层面，收发手机短信、网络聊天、电话交谈都可以归入“接触”范畴，如果将这一词语用到判决书，尚需对其明确界定。

（三）执法层面

1. 社区矫正机关构建不完备

尽管经过近十年的工作试点，社区矫正工作在我国已基本成型，但仍有许多问题亟待解决。除了社区矫正机关的权利义务不明确以外，社区矫正机关在机构构建、人员配备、设备保障、经费保障等方面均存在着较大不足，由此引发的结果是矫正工作观念陈旧，工作方式方式保守，仅限于登记姓名、数字统计、书写思想汇报、等形式，导致对于非监禁犯的矫正难以取得理想的效果。

2. 禁止令对象作流动性大

禁止令的做出依附于管制、缓刑判决，虽然我国刑法规定管制犯、缓刑犯离开所居住的市、县或者迁居，应当报经执行机关或者考察机关批准，而实践中这项批准机制运行十分松散，服刑者自由度较高，随意在不同地区流动，而执行机关不可能 24 小时对其跟踪监督，因人员流动而导致的失控、脱管和管理流于形式的情况比较常见。相比一般的服刑者，禁止令对象的日常行为更加隐蔽，更加难以监管，例如一个被禁止进入网吧的未成年人，从所在的甲地到乙地的网吧去上网，其行为与一般社会人员并无二异，识别与监管难度更大。

四、未来展望：未成年人禁止令适用

一项法律制度的良好运行，除了制度设计本身合情合理之外，还需要相关配套措施的完善与具体执行者的贯彻落实。笔者认为，要充分发挥未成年人禁止令制度实际功效，要从以下几方面着手：

（一）立法上补缺社区矫正机关的权利义务

建议国家相关立法部门尽快根据目前未成年人禁止令的适用情况，明确社区矫正机关的以下权利与义务：其一，针对未成年人的特点，明确社区矫正机关针对未成年人禁止令对象的执行、衔接方式；其二，赋予社区矫正机关对未成年人禁止令涉及的特定区域、场所，如网吧、迪厅、娱乐会所等地的巡查权；其三，赋予社区矫正机关对未成年人禁止令对象违禁从事特定活动的其他参与人，违禁接触的特定人，违禁进入特定区域、场所的经营者、管理者进行询问的权利；其四，明确社区矫正机关违反监管责任应付的法律责任。

（二）进一步明确执行未成年人禁止令的社会责任

未成年人禁止令的执行除了依靠专门执行机关外，更需要社会各界的支持，如特定区域、场所的管理者、经营者，相关审批机关、家长、亲属、学校、社区等等。因此，国家有关部门应当进一步出台相关规定，明确执行禁止令的社会责任：例如，国家行政审批机关，如工商、税务、劳动等部门在核准特定区域、场所的经营年检时，明确相关申请者应承担相关未成年人禁止令配合任务；明确特定区域、场所管理者、经营者有义务拒绝被禁对象进入相关区域、场所，防止被禁对象进入；明确被禁未成年人家长、亲属、学校、社区有劝阻、举报被禁对象做出违禁行为的权利和义务；明确故意纵容、引诱被禁未成年人违禁的法律责任等等。

（三）庭前社会调查与庭后选择性调查相结合

禁止令因未成年被告人户籍不同适用比例失调的现状有待改变。对于经过开庭审理后认为社会危害性较小、再犯可能性不大、适合适用禁止令的部分外地户籍未成年被告人，可以在时间、精力允许的情况下有选择性地引入庭后社会调查机制，重点实地调查其监管条件、再犯可能性、生活环境等容易引起法官顾虑的情况，一方面可以弥补庭前社会调查的不足，为法官考虑是否对外地户籍未成年被告人适用禁止令提供全面参考；另一方可以削弱全盘调查带来的工作负荷。法官通过参阅庭后社会调查报告，并结合案件审理情况，认为从促进犯罪分子教育矫正、有效维护社会秩序的需要出发，确有必要适用禁止令的，可以依法宣告禁止令。

（四）禁止令内容应做到明确具体，确定衡量尺度

针对禁止令的内容的确定原则，当前司法实务界掌握的原则是要遵循“三性”的要求，即针对性、可行性、不可重复性。法官在具体确定禁止令内容时，除了要遵循“三性”要求之外，对于《规定》中相对模糊的地方尚需要法官在准确理解禁止令立法精神的基础上运用自身审判智慧将禁止令的内容具体化，在不影响其日常生活的基础上明确衡量尺度。例如上文我们提到的“高消费禁止令”，法官需要根据服刑者的身份特征、经济能力、居住地生活水平等一系列因素对何谓“高消费”予以明确界定。再如《规定》第四条第（二）项规定，未经执行机关批准，禁止进入举办大型群众性活动的场所。如果法官在判决中作出此类禁止令，对于“大型群众性活动”的界定也需要予以明示，具体可以考虑参照《大型群众性活动安全管理条例》第二条的规定，大型群众性活动是指法人或者其他组织面向社会公众举办的每场次预计参加人数达到1000人以上的体育比赛、演唱会、音乐会等活动，但影剧院、音乐厅、公园、娱乐场所等在其日常业务范围内举办的活动除外。

（五）完善社区矫正机构建设，创新监管模式

社区矫正机关的构建完善是未成年人禁止令得以切实落实的基础所在，因此加强社区机构的建设，并针对未成年人禁止令的特点，创新监管模式，切实提高社区矫正专门队伍的工作水平和执法能力是势之必然。

1. 禁止令执行队伍专业化

未成年人禁止令的执行难度较大，有必要建立一支职业化、专业化的禁止令执行队伍专门负责未成年人禁止令的衔接与执行工作，在传统监管模式，如签署帮教协议、“一对一”帮教、定期不定期回访、榜样示范的基础上，借助高科技手段，如在服刑人员身上安装定位跟踪器、发放GPS手机定位等方式改进执行效果。

2. 要建立“禁止令”执行数据库和公共查询平台

对于未成年人的矫正是一个社会性系统工程，在将社会责任纳入进来的基础上，非常有必要建立专门的数据库和公共查询平台。社区矫正机构借助网络与通讯技术，建立区域网络数据平台，录入服刑者的姓名、身份证号、居住地、体貌特征等相关信息，提供网络和移动通信查询口径，实现信息资源共享，便于相关部门与群众的联合监督，从源头控制服刑人员违反禁令情况出现。比如，娱乐场所的管理者在登记进入人员时，可以查询相关人有无限制进入的情形，一旦发现，立即向执行机关通报协查。

3. 建立社区矫正人员异地托管与协作通报机制

服刑人员流动给禁止令的执行带来较大难度，对此可将服刑人员的流动区分为定向流动与非定向流动，并相应构建异地托管与异地协作通报机制应对。所谓异地托管，即根据社区矫正人员报告的定向流动，由其居住地社区矫正机构与前往地社区矫正机构建立工作委托机制，委托异地社区矫正机关对服刑人员矫正。所谓协作与通报制度，即针对短期、非定向流动服刑人员，异地社区矫正机关、公安机关等相关部门在日常巡查过程中如发现违禁人员，应该及时向其主管社区矫正部门通报，并将服刑人员交由原执行机关启动处罚程序。

4. 加强社区矫正环境建设

禁止令的概念虽然已经引入到我国的立法当中，但对普通公众来说还比较陌生。公、检、法、司等相关机关还要负起营造社区矫正良好环境的重任，加大禁止令制度的社会宣传力度，提高禁止令知晓率，构建平台聆听建议，接受社会各界的监督。对于非监禁犯的矫正是一个复杂的工程，决不是仅仅一个机关负责就能完成的事情，除家庭、社区、学校、司法机关以外，网吧、迪厅、夜总会等娱乐场所，大型群众性活动组织者等相关场所人员也应该被纳入到这个系统中来，构建起覆盖面宽广的司法联络机制，例如，网吧、迪厅、夜总会等娱乐场所可以实行身份准入制度，禁止被判处相关禁止令的未成人进入，或者向执行机关报备。

流动未成年人受教育权益保护

尹 蕾*

论文提要：在我国，以农民工为主体的人口流动现象将长期存在，而流动未成年人的权利保护也日益严峻。受教育权是公民的基本权利，任何人都应该享有平等地接受教育的权利。知识改变命运，流动未成年人受教育权益的保障问题在流动未成年人的权利保护问题中尤为严重。

关键词：流动未成年人 受教育权 保障措施

引 言

在我国，以农民工为主体的人口流动现象将长期存在，而流动未成年人的权利保护也日益严峻。受教育权是公民的基本权利，任何人都应该享有平等地接受教育的权利。知识改变命运，流动未成年人受教育权益的保障问题在流动未成年人的权利保护问题中尤为严重。

流动未成年人的父母从农村来到城市打工，从事的一般都是收入较低的职业，大部分无力支付高昂的赞助费，即使有能力缴纳，但学位问题又挡在面前。农民工为社会添砖加瓦的同时，作为弱势群体得到的却是极少的关注和帮助，政府的扶助、社会投入在流动未成年人身上的关注及帮助寥寥无几，绝大部分的流动未成年人进入了简易学校即农民工子弟学校学习，农民工子弟学校得到的财政支持远远少于公立学校，教师素质普遍较低，学校校舍及设备也都简陋，与同样处于城市的公办学校有着天壤之别，学校夹缝求生，无力支撑。这极大地限制了流动未成年人的受教育权。

改革开放以来，我国的教育法律法规虽然不断完善，但是涉及流动未成

* 广东省郁南县人民法院书记员。

年人受教育权益保障相关方面的法律法规少之又少，1998年教育部、公安部联合发布了《流动儿童少年就学暂行办法》，但是对流动未成年人的就学问题的解决并没有起太大的作用，根本无法使流动未成年人的受教育权得到保障。目前的户籍制度改革如火如荼，但是是否能破除城乡二元体制，实现流动未成年人受教育权的平等，我们只能拭目以待。

一、有关概念的分析

（一）流动未成年人的界定

近些年来，我国流动未成年人受教育问题已逐渐引起各方面专家学者和媒体工作者关注，并发表了一些相关的调查报告、新闻报道和评论文章等，并各有侧重。① 本文首先对文中的几个相关概念进行界定：

1. 流动未成年人的概念

人们耳熟能详的“流动民工子女”“外来民工子女”“农民工子弟”“农民工子女”“外来工子弟”“外来工子女”“打工仔子女”，指的就是随父母一同流入城市的“流动未成年人”。本文所说的“流动未成年人”指的是6周岁至16周岁的学龄儿童，他们随同父母或其他监护人一同离开户口所在地，并在流入地居住1年以上。

目前，流动人口子女由两部分构成：一部分是随父母流动进入城镇生活，与父母同住的流动人口子女，也称为“流动儿童”。另一部分是没有随父母流动外出而被托留在农村的流动人口子女，也称为“留守儿童”。而本文针对的是流动未成年人在流入地的入学问题。根据2000年第五次全国人口普查显示，当时全国流动未成年人数量已达1982万人，留守儿童更是多达2300万人。② 据2006年3月16日我国国家统计局发布的《2005年全国1%人口抽样调查主要数据公报》显示，截至2005年11月1日零时，我国的总人口数为130628万，流动人口为14735万，跟随父母进城的流动未成年人近2000万，他们当中的失学率高达9.3%，即有近200万名适龄儿童不能及时入学。③ 随着经济的发展，人口流动将更加快速，由此产生的流动未

---

① 孙翠香：《流动人口子女教育问题研究的元分析》，载《教育科学研究》2010年第1期，第12~16页。

② 李晓东：《流动人口子女教育问题及建立资助体系研究》，2006年东北师范大学毕业论文。

③ 庄秀琴：《流动未成年人义务教育问题研究》，载《安徽农业科学》2006年第22期，第6074~6076页。

成年人的数目将更加巨大。

（二）受教育权益保障概述

受教育权益保障的概念的确立是人们在法学研究和实践中正确认识和依法保护公民受教育权的前提和基础。从表面分析，受教育权指的是公民有选择接受怎样的教育和怎样接受教育的权利。受教育权益保障指的是这种权益的如何维护和保障。我们要分析的是它更深层的含义。

1. 受教育权益保障的内涵

温辉博士在研究受教育权的本质时认为：现代宪法所规定的受教育权，无论是生存意义，还是学习的意义，其基本精神是由教育自由发展为教育机会均等，由公民的私权利发展为国家公权利，因此作为一种新的人权观念，受教育权具有多重复杂的性格。她最后认为，受教育权，同时兼具社会权与自由权两种权利的特性，既要求政府干涉，兴学助学，又要求政府放弃干涉，尊重教育者的教育自由，以及受教育者的受教育自由，受教育权是一种复合性质的人权。①

在宪法中，法律规定受教育是公民的权利和义务。由此可见，受教育权本质上是一种复合性的宪法基本权利，它是基本自由权和社会权的复合体，主要更具有社会权的特性，既要求义务主体放弃干涉，但更多的是要求其义务主体承担保障权利实现的积极义务。

2. 受教育权益保障的特点

我国公民享有的受教育权所包含的内容主要为教育法第四十二条的规定。受教育权益保障的特点有以下三点：

（1）受教育权益的自由权。具体指儿童有选择学校的权利，即对公立、私立学校的选择自由权，这种权利常由其父母或其他监护人代为行使。

（2）受教育权益的要求权。这种要求权可以概括为两种：第一是要求相同就学机会、教育条件，得到相同的教育结果，消除个体间差异的权利。第二是要求受到不同教育的权利即受到适合其发展的教育的权利。要求权就其权利相对方的不同又可以分为：①对国家的要求权；②对学校的要求权；③对家庭的要求权；④对社会的要求权。

（3）受教育权益的福利权。福利权侧重于从相对方所履行的“义务”中接受协助与服务的权利。即儿童有从国家、家庭、学校、社会组织和个人

① 袁新涛：《如何保障农民的受教育权益》，载《教育研究》2008年第8期，第164~166页。

那里接受法律规定包含自身所要求的诸项“帮助”的权利①。

二、我国流动未成年人受教育权益保障的现状分析

在我国，流动人口规模不断扩大，家庭化流动趋势越来越明显，流动未成年人数量也在不断的增加。根据“第五次全国人口普查”以及《2005年全国1%人口抽样调查主要数据公报》显示，全国流动未成年人人数正在逐年增长。如此庞大的人群，他们的教育状况不仅关系到他们自身的发展，也关系到国家未来的发展和社会安定。

（一）我国流动未成年人受教育权益保障的有益实践

2002年8月，教育部在杭州召开全国流动人口子女教育工作经验交流会，提出了以流入地政府管理为主，以全日制公办中小学为主的“两为主”方针，以使绝大多数流动人口子女就学能够“进得来、读得起、学得好”。2003年10月，国务院办公厅转发了教育部等部门颁发的《关于进一步做好进城务工就业农民子女义务教育工作的意见》，规定流入地政府负责进城务工就业农民子女接受义务教育工作，以全日制公办学校为就学主体，这赋予了“两为主”方针政策权威的效力。2010年10月29日，北京朝阳区委书记陈刚在CBD商务节上谈到该区“十二五”规划时表示，该区的流动未成年人将享“同城待遇”。浙江省政府在2010年4月发布的《关于贯彻〈国务院关于进一步推进长江三角洲地区改革开放和经济社会发展指导意见〉的实施意见》中指出，浙江将逐步实现流动人口子女教育等“同城同权”。

我国逐步完善的义务教育体制，国家在政策上给予了最大的保护，对教育的投入亦每年增加，这对学龄儿童的受教育问题具有极大的帮助及促进作用。

（二）我国流动未成年人受教育权益保障存在的问题

对于我国流动未成年人受教育权益保障问题，学者已经提出了许多的研究和建议，某些地方政府也对该地区的教育问题制定出许多有利政策和制度，但是就整个中国来看，问题并没有得到最根本的解决。随着人口流动人数的极大增长，我国的流动未成年人的受教育权问题将是一个长期而艰巨的任务。

① 杨秀英：《对受教育权之反思》，2006年四川大学毕业论文。

1. 户籍制度与公立学校制度的缺陷

1958年，全国人大常委会通过了《中华人民共和国户口登记条例》，该条例的颁布与实施标志着我国城乡二元对立户籍制度的最终确立。它最终的目的是为了限制农村人口大量向城市转移，将农民拴在有限的土地上，以农业为基础，保障工业和城市的发展。由此，这种户籍制度催生了教育制度、劳动就业制度以及福利制度等，最终也导致了公民户籍的不同，享受着不同的待遇，城乡差别越来越大。

流动未成年人的户籍问题限制了他们与城市儿童享受同等受教育的权利，流动未成年人没有当地的户籍，进入公办或国有民办学校要获得学位接受教育，要缴纳高昂的赞助费或择校费，公立学校有限的学位不是为公民平等的享有，而是当地公民的特权，流动未成年人的父母从农村来到城市打工，许多流动未成年人无校可去，无学可上，在社会上游荡，成为城市游民，最终产生更多的社会不稳定因素。解决流动未成年人的受教育问题，不止是保障了未成年人的合法权益，更是为社会的稳定、社会的有序发展、社会的可持续性提供最有力的保障。

2. 财政支持不足

许多流动未成年人没有能够去公立学校读书，于是私立学校（非贵族学校）成为了许多流动未成年人的选择，这种学校教师素质普遍较低，责任心较低，学校校舍及设备简陋，无法达到教育设施最基本的教学目的。在财政有限的教育投入的情况下，公立学校得到政府的财政支持占了几乎全部，而私立学校要得到政府的财政支持难上加难。在这种支持不足、艰难求生的情况下，私立学校只能不断降低办学标准，尽量缩减各项开支，学校基本硬件设施质量跟不上，教师的学历水平、教学能力较低，教师队伍流失严重等情况，并导致流动未成年人心理发展及人身安全、教学质量等问题的出现，当私立学校无法继续维持办学，流动未成年人也将失去了学习的机会，这势必造成义务教育阶段的中小学学校不断缩减，最终使得原本就紧张的学位更加紧张，然后陷入恶性循环。

3. 法律法规不完善

改革开放以来，我国的教育法律法规虽然不断完善，但是涉及流动未成年人受教育权益保障相关方面的法律法规少之又少，即使有，对流动未成年人就学问题的解决也并没有起太大的作用。《中华人民共和国义务教育法》明确规定了我国实行九年制义务教育，其中第四条规定："国家、社会、学校、家庭依法保障适龄儿童、少年接受义务教育的权利。"义务教育本应由国家承担主要责任，为适龄儿童提供完全免费的教育，但一直到2006年才开始在西部地区和部分中部地区实施免除农村义务教育阶段学杂费的重要政策，但是流动未成年人在流入地是否免费并没有明确。我国《流动儿童少年就学暂行办法》第三条规定："流动儿童少年常住户籍所在地人民政府应严格控制义务教育阶段适龄儿童少年外流。凡常住户籍所在地有监护条件的，应在常住户籍所在地接受义务教育；常住户籍所在地没有监护条件的，可在流入地接受义务教育。"这个规定本身的意思是让流入地政府和流出地政府共同承担流动未成年人的教育责任。但是，流入地政府一直将流动未成年人就学问题扔给流出地政府，没有积极面对流动未成年人教育问题，最终流动未成年人在流入地教育的问题依然没能解决。而这个暂行办法至今仍然只是个办法，并没有继续完善并出台法律。

我国的现有教育法律法规体系尚不完善，各级教育领导机关和政府在职责上不够清晰，流动未成年人受教育权被侵犯的程序法保护也有待进一步完善。

4. 扶助政策缺失

在我国，仅从法律层面无法完全保障流动未成年人的受教育权，而国家政策作为政府有力、快速的调控手段，应该在流动未成年人受教育权保障问题出现时及时应对解决，但是由于我国实行由地方负责义务教育的教育成本分摊体制，各地政府都只管自身的教育发展问题，对于流动未成年人不但没有帮助，甚至以流动未成年人高额的赞助费来填补财政支出漏洞。① 这种情况下国家的扶助政策本应该积极推行，以帮助流动未成年人，但是至今都没有有效解决问题的法律或政策的颁布施行。

三、国外相关保障措施及借鉴

（一）国外的相关保障措施

1. 美国的相关保障措施概述

在美国的公立学校的发展史中可以发现：公立学校最初的受益者是富人，而穷人往往是利益的被忽视者，如今弱势群体的利益开始成为人们关注的焦点。亚利桑那美国研究学院的分析家帕特雷克·库克斯强调，教师应该为家长工作而不是为政治家工作。美国转变关注对象和教育工作目的，将弱

① 郑春平、陈英：《这边刚说不许收，那边张口要两万》，载《现代快报》2010年8月24日。

势群体作为教育发展的重点，为公民享受教育而教育。①

历届美国政府均视教育为立国之本和人才培养的关键，并把发展教育作为国家的战略重点，强国之策，相继通过了多部教育法案，呼吁全社会为未来储备高素质的人才资源。美国在教育领域推行标准化和问责制运动，2002年颁布了《不让一个孩子落伍法》，这在很大程度上使得美国的教育在近年里，依然保持着世界领先水平。②

美国与我国一样，义务教育由基层举办，但是在美国有完善的财政转移支付制度，义务教育有稳定的经费来源，并且社会各界有识之士不断地回馈教育，大力支持教育发展，创立各种教育基金和奖学金，使义务教育能够完全落实，保障公民的受教育权利。

2. 日本的相关保障措施概述

倾斜保护就是政府在立法中给予弱势群体相对于普通群体更多的保护，以日本为例，日本通过了《关于国家扶助就学困难儿童就学的法律》《偏僻地方教育振兴法》《孤岛振兴法》等大量的从教育方面对弱势群体加以保护的法律，以此对偏僻落后地区教育财政提供支持和保障。“我们不得不承认，不管是家庭还是学校，如得不到帮助，就不能保证儿童的福利。我们需要国家的力量来保护他们，让他们远离漠视和自私。因为儿童是弱小的，而且他的天然的保护者——成人们——作为个体来说也是弱小的。”③

日本义务教育费用国库负担制度已实行52年，其宗旨一直是为了教育的公平和教育机会的均等，此项制度在上世纪70年代以前，日本社会发展时期，对保障义务教育的实施和国民素质的提高起到了无可替代的作用，也为日本在战后能够迅速重新振作提供了不可缺少的人才储备。当然日本人口密度较小，在施行政策时的阻力更小，也更容易落实。

（二）国外先进经验的借鉴意义

全球化加剧了发达国家与发展中国家以及同一国家内的发展不平衡，使弱势群体实现受教育权面临各种阻碍。教育问题是全球性问题，虽然各国教育问题和产生原因、社会背景、经济发展等各有不同，具有特殊性，但是受教育权是人的基本权利，具有一般性，我们可以在研究国外的教育问题的基

① 季苹：《美国公立学校的发展研究》，高等教育出版社2002年版，第225～303页。

② 杨士龙：《教改纲举》，载《瞭望新闻周刊》2010年7月19日。

③ 郭兴利：《全球化进程中的弱势群体受教育权之保护》，载《教育学术月刊》2009年第3期，第84～86页。

础上进行总结，加以借鉴、学习，从而解决我国的教育问题。

1. 提高政府对教育的重视

一个国家国民的受教育水平决定了这个国家的科学技术发展，未来国家经济的潜力，文化素养的高低，国家竞争力等，同时也间接影响着一个国家的未来，这也是教育受发达国家如此重视的重要原因之一。纵观社会发展历史，人类文明让科技日新月异，科技的进步推动着人类的进步，一个国家的科技文化的先进与否决定了一个国家的未来，科技是第一生产力，而教育是科技的垫脚石。政府对教育的态度不仅仅影响着公民自身的发展，更决定着国家的科技力量的强大与否。美国历届政府均视教育为立国之本和人才培养的关键，并始终把教育作为国家的战略重点，这才使得美国无论在国力还是科学技术上始终保持着世界领先水平。流动未成年人作为我国公民的一部分，他们的受教育问题直接或间接影响着我国教育的水平，并最终影响我国的全面发展，我们不能忽视流动未成年人的教育问题。

2. 提高公民对教育的重视

流动未成年人父母大多数自身对接受教育认知不足，观念落后，文化水平不高，亦不注重子女的教育问题①，只看到短期效益，因自身的文化水平的限制和受传统观念的影响，没有意识到文化的作用，教育投资的长远性，制约了自身的发展，也不懂得如何为子女争取受教育的权利。因此，政府应积极宣传、鼓励、督促流动未成年人的父母关心和重视子女的教育问题，让流动未成年人能够接受教育，完成义务教育，同时也应提高父母自身的文化水平，以身作则，提高自身思想素质，增加自身的社会竞争力，为社会主义现代化建设做出贡献。② 我国整个社会群体对上学的态度一直呈波浪式的渐变，新中国成立伊始，对上学的态度是积极鼓励的，十年“文革”时期受到了忽视，后重新开设高考，又引发了社会对上学的极大热诚，现今，由于各种原因，家长对子女上学又抱着可上可不上，不上早工作早赚钱的想法。这样的教育发展，极大地限制并影响着整个社会群体的文化素养，出现了断层的局面，流动未成年人父母对子女教育的忽视尤为突出。

3. 鼓励社会对教育的投资

国家、地区和地方各教育当局对流动未成年人受教育权益保障有着各自的责任，但不能期望它们提供实现这一任务所需要的所有人力、财力和组织

① 周雅娟：《山西省流动人口子女教育问题现在研究》，载《太原大学教育学院学报》2010年第28卷第3期，第42~44页。

② 吕春城：《我国流动劳动力人口受教育权益保障问题研究》2009年贵州大学毕业论文。

力量。必须调动现有的和新的财力资源和人力资源，无论是公共的、私人的还是捐助的。① 社会各界均需要对此做出自己贡献，并认识到他们用于基础教育的时间、精力和资金或许是对人民和国家的未来也是对自己所做的最有意义的投资。国家的力量是有限的，但群众的力量是无限的，只有鼓励全民参与进来，共同对教育出一分力，让有能力的人回馈社会，才能真正解决教育资源有限的问题，让教育资源不断循环，让流动未成年人也能享受到教育福利，最终才能保障流动未成年人受教育的权利。

四、对我国流动未成年人受教育权益保障制度完善的思考

（一）完善的意义

解决流动未成年人受教育问题是完成全民教育的重要组成部分，是实现免费义务教育的重要前提，《世界全民教育宣言》明确指出，每个人都应有获得受教育的机会，教育法第九条亦规定中国公民平等享有受教育机会。流动未成年人作为我国未来的花朵，同样应当与其他儿童一样享受平等教育的权利。同时，随着我国对人权的日益重视，教育权作为基本人权之一，解决流动未成年人的受教育权益问题是尊重儿童基本权利的重要体现，解决流动未成年人受教育权益保障问题也是普及九年义务教育的需要，是国家不断完善文化教育体制，提升国家教育力量的需要。

（二）完善的具体措施

1. 户籍制度和公立学校的改革

我国的户籍制度也极大的限制了流动未成年人的受教育权益的实现，为此，我们应当改革现有的户籍管理模式，建立一体化的户籍管理新体制，并且尽快制定户籍法，实现城乡户籍的真正统一，打破户籍管理二元结构，建立城乡统一的户口登记管理制度是实现统筹城乡发展的必然之路，② 不止有利于流动未成年人就学问题，更有利于我国经济、社会的全面发展，构建和谐社会。公立学校受户籍制度的影响，非当地户籍学生就学将受到多重困难，因此，当地政府应对公立学校进行改革，放宽入学条件，并通过增加学

① 赵学勤：《城市流动人口子女基础教育问题研究》，载《教育科学研究》2001年第2期，第28～31页。

② 沈英：《对我国户籍制度改革的思考——从农民工的角度审视》，载《特区经济》2009年第3期，第135～137页。

位，在满足户籍生的条件下，同时尽量满足非户籍生的就学要求，尽量挖掘公立学校的潜力，加强对公立学校的资金、人力、设备上的支持，以提高其接收流动未成年人入学的规模，使公立学校的教学资源得到充分的发挥和利用，给予流动未成年人以相同的受教育权和享受优质教育资源的机会，最后应当逐步取消对流动未成年人在入学、户口等方面的差别政策，实现城乡体制对接，最终实现流动未成年人与当地社会的融合，实现我国儿童真正的受教育权利平等，实现公办学校在解决教育问题上的主导作用。①

2. 对民办学校的财政支持

民办学校作为公立学校的补充，在对解决流动未成年人的受教育问题上有着举足轻重的地位，公立学校的学位不足、条件多、户籍问题等，流动未成年人要接受教育只能转向民办学校，流动未成年人同样作为国家未来的栋梁，他们的教育问题同样重要，民办学校的办学水平的高低决定着流动未成年人的教育质量，民办学校在缓解城市流动未成年人失学问题中也起着重要的作用，现时无法取缔也不可能取缔，因此，各地政府对待民办学校应与公办学校一视同仁，改变过去传统的以"公办学校"为中心的价值取向，② 增加对民办学校的教育投入，加强对民办学校的管理，提高办学要求，要鼓励民办学校办学的同时也应监督其办学，并且应积极制定相关政策对现有民办学校进行扶持，尽最大的可能帮助其改善教学条件，督导其规范办学行为，促进其办学水平和义务教育质量的提高，对不符合规定的民办学校应勒令其整改，并对其进行整改指导和帮助，让流动未成年人在良好的环境下同样的受到良好的教育。同时，流动未成年人的受教育财政投入长期以来一直没有得到足够的支持，中央相关部门对此应当加大对流动未成年人的教育投入，成立流动未成年人的专项教育资金用于转移支付，尝试包括教育券制度在内的多元方式，使教育经费能随着流动未成年人一起流动，保障流动未成年人享受其应有的教育权益。③

3. 完善教育法律法规体系

关于义务教育和流动未成年人受教育问题的法律法规长期以来停滞不前，《中华人民共和国义务教育法》《流动未成年人少年就学暂行办法》并

① 田敏：《流动未成年人教育权益保障策略探究》，载《现代教育科学》2010 年第 6 期，第 42 ~ 44 页。

② 冯成志：《东莞市农民工子女义务教育学校现状与发展对策研究》2005 江西师范大学毕业论文。

③ 黄育文、姜鹏：《"两为主"政策执行：困境与超越》，载《现代教育科学》2010 年第 4 期，第 25 ~ 26 页。

没有完全落实，如何使已制定的法律法规落实成行，制定与时俱进的法律法规是当前的重要问题。因此，应当完善与流动未成年人权益方面的相关法律，重视法律的可操作性，推进学校法、学生法的起草出台，并要求行政部门积极学习法律法规，做到依法行政，以法律法规为依据，依法治教。有权利就必须有救济，要使流动未成年人真正享受到教育权利，必须建立受教育权利的救济方式，完善受教育权利的行政救济方式，在教育权益受到侵害时，使流动未成年人能顺利寻求司法的救济。①

将公民的权利义务行为、国家立法机关的教育立法行为、教育行政机关的职权行为和有权机关的教育监督行为纳入法治的轨道，将教育规范化、科学化、制度化，加强立法工作，完善教育法律法规体系，建立法律监督体制，才能切实保障流动未成年人受教育权的真正、充分的实现。②

4. 制定并落实针对流动未成年人的扶助政策

从外国对教育问题的解决上我们可以看到他们在教育方面的投入和重视，对待不同的人群，他们在比例上是有倾斜的，目前越来越倾向于弱势群体。流动未成年人作为弱势群体之一，理应受到更多的优待和帮助。在我国，虽然也在积极解决教育问题和推进教育的发展，实施和推行各种办法、政策，但目前还没有将这些真正落实到流动未成年人身上。政府在对待流动未成年人教育问题上的态度决定了流动未成年人受教育权益的实现，政府的帮助是最重要的，任何解决流动未成年人受教育问题的方法，如果没有政府的支持和帮助，都成为空谈。政府应该认识到流动未成年人受教育问题在我国教育发展上的重要性，及时制定并落实针对流动未成年人的扶助政策，帮助流动未成年人解决受教育问题。为了能顺利执行九年义务教育，教育政策决不能仅仅勾勒模糊的政策轮廓，而是要形成实用的、具体的、明确的、具有可操作性的政策方案。

虽然我国的教育政策理念不断变迁，树立了“以人为本”的核心思想，但是还要依赖切实可行的政策体系的确立以及对相关政策的有效执行过程进行监控与评估。③ 因此，完善流动未成年人教育政策的监控、评估与问责机制，通过政策监控，约束政策执行主体的行为，落实政策执行；通过政策评

① 刘忠莲：《中小学学习权益保障问题探析》，载《淄博师专学报》2009年第2期，第28～31页。

② 罗建河：《流动未成年人受教育权益保障问题探微》，载《教育学术月刊》2009年第3期，第73～76页。

③ 孙中民：《当前流动人口子女教育政策的执行困难与出路》，载《湖南第一师范学院学报》2010年第10卷第1期，第131～134页。

估，及时搜集各种相关信息，及时反馈到决策层面，并及时对政策作出调整和完善；通过问责机制，防止政策执行主体滥用权力，有利于政策更好的落实。

结　论

流动未成年人受教育问题是普及九年义务教育的难点和薄弱环节，解决流动未成年人受教育问题，依法保障流动未成年人平等接受义务教育，不仅关系到他们自身的发展和素质的提高，同时关系到城市的可持续发展以及国家的繁荣稳定，体现了教育的公平、社会的公正，有利于和谐社会的构建，全面小康的实现。① 当前流动未成年人受教育权益保障还存在诸多困难和问题，在解决流动未成年人受教育问题上，我们应当以制度为切入点，破除户籍制度，缩小城乡分化；改革义务教育管理制度，以公立学校为主，民办学校为辅；完善义务教育财政管理制度，完善财政转移支付制度；建立各种社会扶助、救助制度，制定各种扶助政策，消除教育歧视，切实解决流动未成年人受教育问题，实现教育公平。

在笔者看来，我国的流动未成年人的受教育权益保障障碍重重，要解决这个问题并非一朝一夕的事情，亦非简单易解。因此，我们必须从多方面入手，从制度、法律、社会、群众等不同的角度以不同的方法去研究解决，国内各大学者的学术研究结果都各有道理和特点，我们在综合各种观点的同时，可以进行融合创新，去其糟粕，取其精华。同时，对于国外的研究，由于每个国家的社会经济文化发展背景不一样，与我国国情相差甚远，中国的户籍制度问题也是中国独有的，所以，我们在具体研究中国的流动未成年人受教育权问题的时候要因地制宜地找出适合我国国情的理论和方法。这些国外的理论和研究可以拿来借鉴，但不可生搬硬套，否则就有可能“水土不服”。流动未成年人受教育权益保障要得到落实，还需要国家的支持，政府的行动，不然研究得出再完美可行的方法都只是纸上谈兵。

---

① 黄海：《农民工子女义务教育保障制度研究》，2007 年苏州大学毕业论文。

行政审判中未成年人权利的司法保障思考

——以治安管理处罚法对未成年人适用展开

吴良军[*]　刘　萍[**]　胡　春[***]　王梦姣[****]

论文提要：未成年人作为行政权力相对人而言，往往以治安管理处罚法对其适用的具体行政行为居多。但实践中，未成年人治安处罚行政诉讼十分难见。本文从舆论关注的“小学生卖淫”案，高浩翔与荥阳市公安局治安行政处罚纠纷再审案中，提出“行政审判中未成年人权益保障之难”的实践问题。围绕治安管理处罚法对未成年人适用，从立法层面、行政权层面、行政审判层面展开讨论。而要改变“行政审判中未成年人权益保障之难”这种状况，最理想的方式就是建立一套相对独立、统一的未成年人司法制度，无论刑事、民事、行政审判，都应当适用这样的未成年人权益保护司法制度。但这样独立、统一的未成年人司法制度还需要过程，但不妨先分别在刑事、民事、行政诉讼中建立起较为成熟的未成年人专门的诉讼程序。对此，本文建议修改行政诉讼法，并重点从未成年人行政诉讼中的公益诉讼制度、简易程序、诉讼期间具体行政行为停止执行制度、不公开审理制度等方面作了思考，以此推动“未成年人行政诉讼程序”的建立与对未成年人权利的司法保障。

关键词：治安管理　未成年人　行政审判　司法保障

---

* 四川省内江市中级人民法院副院长、党组副书记。
** 四川省内江市中级人民法院行政庭庭长。
*** 四川省内江市中级人民法院法院行政庭审判员。
**** 四川省内江市中级人民法院政研室行政人员。

一、问题提出：行政审判中未成年人权益保障之难

材料1："小学生卖淫"案今日审理　16岁女儿提起行政诉讼①

2009年11月网易一则新闻报道，不满17岁的陈艳（化名），被以卖淫行为处5天治安拘留，其后，又被处以6个月收容教育。2009年9月22日，陈艳家人委托律师，提起行政诉讼，请求法院撤销收容教育的处罚决定，理由包括陈艳不存在卖淫行为；公安机关适用法律错误，所依据的《全国人大常委会关于严禁卖淫嫖娼的决定》作为旧法，效力低于新颁布的治安管理处罚法等。另提出，警方对陈艳讯问查证的时间大大超过法定期限，并违反了未成年人保护法中相关规定。

材料2：高浩翔与荥阳市公安局治安行政处罚纠纷再审案②

荥阳市第二初级中学学生高浩翔与欧梦阳发生争执，高浩翔用脚朝欧梦阳的头部踩了一脚。同日，欧梦阳之父欧海江及其表弟王海杰一同到学校找高浩翔，在确认是高浩翔踩了欧梦阳之后，欧海江即让欧梦阳打高浩翔，高浩翔又打欧梦阳一巴掌，后欧海江将高浩翔牙齿打掉一颗。高浩翔报案，荥阳市公安局进行调查询问后，分别对欧海江、高浩翔作出行政处罚决定。其中对欧海江拘留7日，罚款200元；对高浩翔拘留3日。高浩翔不服，经申请复议，复议机关维持了荥阳市公安局对其作出的处罚决定。

河南省荥阳市人民法院、郑州市中级人民法院先后四次对本案作出行政审理裁判。第一次，荥阳市人民法院作出准予撤诉裁定；第二次，荥阳市人民法院作出（2009）荥行再初字第1号行政判决，认为荥阳市公安局对原告作出处罚决定，主要证据不足，认定事实不清，依法应予撤销。原告高浩翔的爷爷高根水未经授权，即以原告及高新成的名义提出撤诉申请，不符合法律规定，原审裁定准许其撤回起诉，认定事实不清，适用法律错误，应予撤销。第三次，郑州市中级人民法院针对（2009）荥行再初字第1号行政判决作出二审判决，撤销（2009）荥行再初字第1号行政判决；维持荥阳市公安局作出处罚决定书。第四次，高浩翔不服，申请再审，经郑州市中级人民法院对本案提起再审，作出了（2011）郑行再终字第5号行政判决，

---

① 江雪：《"小学生卖淫"案今日审理　16岁女儿提起行政诉讼》，载 http：//news.163.com/09/1110/05/5NO17LVC00011229.html，2013年6月5日访问。

② 河南省郑州市中级人民法院（2011）郑行再终字第5号行政判决书。载北大法律信息网 http：//vip.chinalawinfo.com/newlaw2002/slc/slc.asp？db = fnl&gid = 118272430，2013年6月5日访问。

认为“对违法犯罪的未成年人，应当依法从轻、减轻或者免除处罚的规定进行处理”，“对高浩翔的行政处罚决定的事实认定中，未能客观公正地认定本案纠纷的全部事实，直接影响荥阳市公安局客观、公正地行使是否给予高浩翔拘留行政处罚的自由裁量权”，判决撤销了该院（2010）郑行终字第19号行政判决，维持了河南省荥阳市人民法院（2009）荥行再字第1号行政判决中撤销荥阳市公安局对高浩翔作出的处罚决定。

上述所举两个案例均是实践中治安管理处罚法对未成年人适用的真实案例。材料一案例在新闻舆论对“小学生卖淫”案关注下进入了行政审判，但后续舆论并无行政审判方面相关报道；材料二案例中，高浩翔经历复议和四次法院行政审判，行政机关依照治安管理处罚法作出的处罚决定最终被法院撤销。这两则材料反映了被治安处罚的未成年人要依靠行政审判保障权益还十分艰难的现实问题。

二、反思与解析：以治安管理处罚法对未成年人适用展开讨论

现实中，未成年人作为行政相对人往往以治安管理处罚法对其适用居多。治安管理处罚权作为行政权力可能被滥用，行政诉讼即成为未成年行政相对人维护自身合法权益中最有效的司法救济途径。然而，对未成年人适用治安管理处罚法中，未成年人提起行政诉讼却很少。

我们调研了N市未成年人违反治安管理处罚法情况，统计数据显示：2006年~2012年，N市未成年人刑事作案嫌疑人为3647人，违反治安管理的未成年嫌疑人为4137人。但N市法院在此期间无1件未成年人治安处罚行政诉讼案件。

我们也试图去发现其他地方未成年人治安案件情况及未成年人治安处罚行政诉讼案件情况。有资料反映，我国未成年人治安案件现状呈以下特征：未成年人治安案件发生数量有所上升；涉案未成年人存在地区差异；治安案件涉案未成年人以在校学生为主；未成年人治安案件以轻伤害案件居多，未成年人治安案件调解结案居多。① 但通过对北大法律信息网中收录的37635件行政案由的“案例与裁判文书”，输入“未成年人”进行全文精确检索，检索出86件涉及未成年人行政诉讼案件；再输入“治安管理处罚”，在结果中进行全文精确检索，检索出6件涉及未成年人治安管理处罚案件（包

① 王倩哲：《未成年人治安案件的界定及现状分析》，载《法制与社会》2012年第11期（下），第256页。

括上述材料2案件)。

因此，有必要以治安管理处罚法对未成年人适用展开讨论：

(一) 立法层面：治安管理处罚法对未成年人适用规定的人性化

现行治安管理处罚法相比先前的《治安管理处罚条例》更具人性化，[①]把“教育与处罚相结合”的原则明确写进了该法第五条第三款，并对未成年人适用有特别规定，更体现了这种人性化与“教育与处罚相结合”原则，同时，也充分体现了顶层制度设计在立法层面对“未成年人利益最大化”的保护。

1. 未成年人违反治安管理的责任承担。根据治安管理处罚法第十二条规定，未成年人违反治安管理的责任承担存在两种处理方式。一是未成年人完全不负法律责任。即“对不满14周岁的违反治安管理的，不予处罚，但是应当责令其监护人严加管教”。二是未成年人负相对法律责任，且应当从轻或者减轻承担处罚责任，即：“对已满14周岁不满18周岁的人违反治安管理的，从轻或者减轻处罚”。这与行政处罚法第二十五条、刑法第十七条规定的原则相一致，都是从未成年人心智发育尚不成熟的实际状况考虑，体现了对未成年人以人为本精神与重教育轻处罚原则。

2. 未成年人违反治安管理的处罚种类。未成年人违反管理处罚种类为警告、罚款、行政拘留三种。对违反治安管理的外国未成年人，可以附加适用限期出境或者驱逐出境。治安管理处罚法还在第二十一条规定，已满14周岁不满16周岁的，或已满16周岁不满18周岁，初次违反治安管理，应当给予其行政拘留处罚的，不再执行拘留。

3. 未成年人违反治安管理的行为。实践中，未成年人违反治安管理处罚的行为，主要体现在未成年人严重不良行为方面，[②]且与未成年人犯罪行为类型趋于近似。如多数是以财产型、暴力型、心里空虚型（涉黄、涉赌、

---

① 郭燕茹、陈东杰：《〈治安管理处罚法〉的立法价值》，载《法学研究》2006年8月下旬刊，第80页。

② 预防未成年犯罪法第三十四条规定了未成年人9种严重不良行为。对于这9种严重不良行为，除了刑事处罚外，该法规定了责令其父母或者其他监护人严加管教、由公安机关训诫、予以治安处罚、送工读学校、收容教养等矫治措施。在该9类严重不良行为中，前8类严重不良行为在治安管理处罚法中都有对应的违反治安管理行为规定，第9类是对前8类没有包括，而且又严重危害社会的行为的概括性规定类型，其行为类型达到治安管理处罚法规定的行为类型与程度，同样构成违反治安管理的行为。

涉毒的违法犯罪）、团伙型、计算机型的违法犯罪。这些未成年人严重不良行为都包括在治安管理处罚法第二条规定的“扰乱公共秩序，妨害公共安全，侵犯人身权利、财产权利，妨害社会管理，具有社会危害性，尚不够刑事处罚的行为”之中，并在第三章分4节共54条对这些违反治安管理行为及处罚作了具体全面规定。

4. 未成年人适用治安管理的程序。治安管理处罚法还规定了处罚程序。有对传唤、询问、取证、裁决等处罚程序的规定，也有对案件管辖、证据种类、违法物品的扣押等基本程序的规范。同时，该法还规定其没有规定的，适用行政处罚法的有关规定。这样，保证了公安机关在作出治安处罚时应遵循的程序，在法律上都有所依据。而且，治安管理处罚法第八十四条，八十五条还规定，询问不满16周岁的违反治安管理行为人、被侵害人或者其他证人，应当通知其父母或者其他监护人到场。

（二）行政权层面：行政权自由裁量与未成年人利益最大化的“两难”境遇

治安管理处罚法确定了治安管理处罚的权力主体是国家公安机关，任何其他国家机关和组织不拥有治安管理处罚权。治安管理处罚法基于对未成年人利益最大化考量，在立法中明确应当从轻或者减轻承担处罚，这也赋予了公安机关在治安管理处罚中更大的自由裁量权。处罚种类、处罚幅度、处罚程序、办案时间方面也都体现了治安处罚权作为行政权力的自由裁量。① 但在实践中，受“未成年人利益最大化”价值理念影响，治安管理处罚权对未成年人适用陷入了“两难”局面。一方面，由于缺乏专门教育机制，在“教育与处罚相结合”原则中的教育容易流于形式，治安处罚被执法机关的教育或“责令监护人严加管教”等架空，对未成年人违法行为处罚不到位，对未成年人的严重不良行为矫治不到位，使其严重不良行为逐渐发展或演变为犯罪行为，纵容了未成年人不良行为；另一方面，基于行政权力为加强对社会控制的需要，从维护社会秩序、公共安全的目的出发，治安管理处罚权在权力自由裁量权范围内无论是出于以权力谋其私利还是正常履职，都容易在适用中出现宽严不一的差异化行政执法，从而导致治安处罚中执法的公正性、公平性被怀疑或为被处罚未成年人及监护人等所不满。出现这种“两

① 马东：《治安处罚自由裁量权控制探析》，载《北京人民警察学院学报》2010年第6期，第34～35页。

难”困境有以下的原因：

1. 未成年人的法制观念还很薄弱。虽然自上世纪80年代以来，未成年人法制教育就被视为预防未成年人犯罪的综合治理工程中的一个重要环节，但近年来的未成年人违法犯罪严峻状况说明未成年人的法制观念总体上仍然很薄弱。学校法制教育因缺少专门的法制课教师，法制教材的针对性不强，导致学校法制教育流于形式，很难培养未成年人的法律信仰与规则意识。而社会普法教育中，普法教育时断时续、时冷时热，对未成年人教育针对性又不强，普法效果不佳。在家庭方面，很多家长本身对法制缺乏认识，更是容易忽视对未成年人子女的沟通与教育问题，等等。在这种未成年人法制观念薄弱情况下，导致受处罚的未成年人中，要么绝对服从治安管理处罚法对其处罚适用；要么带着疑惑但还是消极地顺从处罚；要么一味抵触处罚，对治安管理处罚法中“教育与处罚”相结合的精神根本无从理解。

2.“未成年人利益最大化”价值理念可能导致行政权的自由裁量难以监督。《儿童权利公约》第一部分第3条规定，“关于儿童的一切行动，不论是由公私社会福利机构、法院、行政当局或立法机构执行，均应以儿童的最大利益为一种首要考虑。”① 但未成年人的“最大利益”内涵和外延标准并无相关明确的具体界定，因此，就可能藉此为由，在不同执法部门、不同个人、不同的场景中存在“最大利益”化的程度偏差；也可能出现在缺少外部监督及时介入情况下，因执法者的个人观念、私利等导致执法弹性过大或执法力度弱化，甚至执法权力被滥用。

3. 行政权的自由裁量可能导致“未成年人利益最大化”在治安处罚中难以实现。治安管理处罚法立法目的有三：一是维护社会治安秩序；二是保障公共安全，保护公民、法人和其他组织的合法权益；三是规范和保障公安机关及其人民警察依法履行治安管理职责。三种目的孰轻孰重、孰先孰后，这种相互之间的内在博弈也更为尖锐。现实中，未成年人违法事件往往在公安机关处置违法犯罪中所占比例偏大，一些未成年人的治安违法事件的社会危害性甚至比成年人的治安违法犯罪事件更加恶劣。加之未成年人违反治安事件与未成年人犯罪事件相互衔接，可能导致因为重视“维护社会秩序”“保障公共安全”的行政权力效果而忽略了对“未成年人利益最大化”的保护。另外，治安管理处罚法中专门设置了“执法监督”一章，在一定程度

① 引自《儿童权利公约》第3条，载王勇民：《儿童权利保护的国际法研究》，法律出版社2010年版，第366页。

上导致行政执法人员在行政权力的自由裁量范围内对未成年人从轻、减轻幅度上过于慎重或保守，致使“未成年人利益最大化”在治安处罚中有名无实。

（三）行政审判层面：未成年人行政审判制度的缺位

人民法院只有对治安管理处罚的司法监督权，而没有治安管理处罚的首次处罚权，在显失公正的情况下，人民法院才可以改变公安机关的处罚决定，但未成年人行政诉讼中原告胜诉并不多。即使是成年人提起行政诉讼，也同样如此。我们分析了2006年至2012年N市法院的一审治安处罚行政诉讼案件，法院判决撤销、确认违法或无效、赔偿略占13.16%（如图1）。

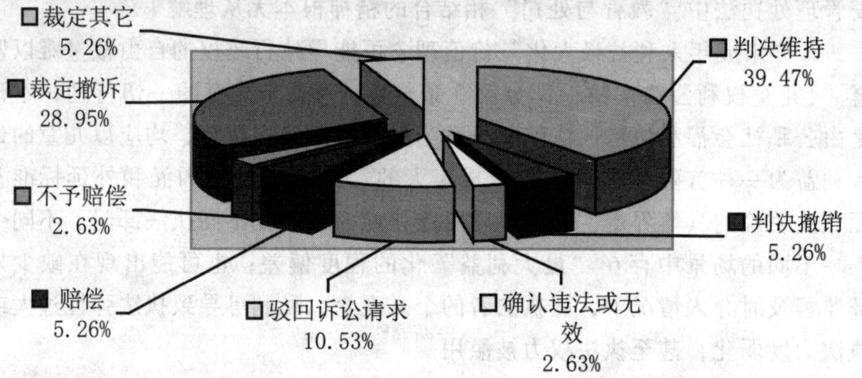

图1　N市近六年成年人提起治安行政诉讼一审裁判情况

这些治安处罚案件被提起行政诉讼的原因和所反映的行政执法问题，主要是：行政执法人员重实体轻程序，导致行政行为违反法定程序或超越职权；存在对认定的基本事实把握不够准确，行政执法调查取证的严谨性有待加强；行政执法尺度不统一；行政执法中告知、询问、送达、笔录等不规范等。即使一些判决维持行政案件中，也反映出行政执法存在瑕疵。再从前面所收集到未成年人治安处罚行政审判案例作分析，发现这些案例同样反映出行政权在执法中程序不规范，执法尺度不统一，事实认定不清楚，并还反映出未体现对未成年人利益最大化保护所导致显失公正等问题。然而，未成年人胜诉案例始终甚少。究其根源，这也折射出未成年人权利的司法保障存在制度上缺位。

1. 立法上的行政审判制度的成人化设计。未成年人在认知能力、语言表达能力、经济能力、诉讼技巧、社会地位、经验意识等方面，与成年人相比，都更为弱势。而现行的行政审判在立法层面忽视了对未成年人的特别程序设计，把其与成年人一视同仁对待。

我国行政诉讼制度早在建国初期就已有萌芽，1982年宪法第四十一条的规定为我国行政诉讼制度奠定了法律基础，同年通过的《中华人民共和国民事诉讼法（试行）》规定了法律规定由人民法院审理的行政案件，适用该法规定。1986年，《治安管理处罚条例》第一次确立了我国治安行政诉讼制度，至1989年行政诉讼法颁布，并于次年实施。

在行政诉讼立法层面，除行政诉讼法规定法定代理人制度涉及未成年人的法律规定外，受民事诉讼法律影响较深，其与民事诉讼制度一样都缺乏符合未成年人特点、体现未成年人需求、方便未成年人诉讼的特殊程序的立法设计，大量诉讼制度都是从成年人视角出发，根据成年人的思维模式及行为特点构建。

2. 未成年人司法制度长期以来对未成年人行政审判制度关注不够。在世界范围内，各国未成年人司法制度的建立和发展都与未成年人犯罪密切相关，① 我国也不例外，我国的未成年人司法制度主要体现在未成年人刑事审判制度方面。1984年11月，上海市长宁区人民法院建立了中国内地第一个少年法庭，此少年法庭采取的是少年刑事案件合议庭的形式，仅仅受理少年刑事犯罪案件，这种模式的少年法庭后来发展成为中国少年法庭组织体系的主体部分。② 以此为开始，经过20多年的发展和完善，我国已经逐步建立起具有中国特色包括从立案到执行一系列内容的少年刑事司法制度，主要有少年案件专人负责制度、讯问时成年人在场制度、圆桌审判模式、特邀陪审员制度，以及刑事诉讼法中的“未成年人刑事案件诉讼程序”章等。而对未成年人在民事审判领域、行政审判领域一直都关注不够。未成年人行政审判机制建设也只是在1991年8月“天宁模式”的少年法庭③出现为标志后，

---

① 赵国玲、常磊：《中国未成年人审判制度的发展》，载《南都学坛》2010年第1期，第97页。

② 姚建龙：《评最高人民法院少年综合庭试点改革》，载《法学》2007年第12期，第92~93页。

③ 江苏省天宁区人民法院突破了少年法庭纯刑事性的特点，把涉及未成年人权益保护的民事、行政、经济案件均纳入了少年法庭的受案范围。由于此种形式少年法庭为天宁法院首创，因此被称为“天宁模式”。姚建龙：《评最高人民法院少年综合庭试点改革》，载《法学》2007年第12期，第93页。

拉开了未成年人刑事、民事案件、行政案件集中审理的改革序幕，2005年10月发布的《人民法院第二个五年改革纲要》将完善审理未成年人刑事案件和涉及未成年人权益保护的民事、行政案件的组织机构作为人民法院“二五改革”的重要目标。2006年，最高人民法院将当事人为未成年人的行政诉讼案件纳入少年综合庭应当受理的案件范围。但全国目前少年综合庭的建立并不多，涉未成年人行政案件审理机制改革的探索与效果还很有限，涉未成年人的行政审判机制并没有配套建立。

3. 未成年人行政诉讼制度缺失导致未成年人行政审判指导理念尚不明确。法院在未成年人行政诉讼活动中，如何体现保护未成年人权益的司法理念，这种理念需要未成年人行政诉讼制度来保障。现实中，制度缺失，未成年人行政诉讼面临的诸多价值诉求中，法官以司法的能动性在传统的行政诉讼指导理念下适度突破，对未成年人个案予以“特别关注”，但这种情况下表现出与司法中立与克制本身相悖，甚至引起社会对法官自由裁量权的怀疑。而且，没有制度支撑，只有理念指导的这种关注，因法官不同、当事人不同，对同类案件难以保证在评判标准上的整体划一；甚至还可能出现法院和当事人曲解或架空“未成年人利益最大化”的司法理念，以司法替代或严重干预行政权力。

三、思考建议：以修改行政诉讼法为推动力

“欧美国家的未成年人司法，常常是一种‘大司法’模式。既包括相当一部分在我国属于行政执法中的问题，如未成年人的戒毒、未成年人的轻罪处置（在我国大都属于治安管理处罚），也包括民商事案件处置中对未成年人利益特殊保护问题，如未成年人抚养等。大致上可以说是一种‘少年利益最大化’的模式。”① 在我国，目前没有建立统一的未成年人司法制度，这种现状，让犯罪的未成年人在司法制度中享有特别程序保障，能够更好地接受教育、挽救、帮助、矫治；然而，社会危害性不及犯罪的违反治安管理的未成年行为人因未成年人行政司法制度不及未成年人刑事司法制度完善，却失去了“未成年人保护理念”下同等的司法待遇，反而遭受可能比有犯罪行为的未成年人更严重的行政处置与社会歧视、更差的司法对待。

因此，要改变这种境况，最理想方式就是建立一套相对独立、统一的未成年人司法制度，无论刑事、民事、行政审判，都应当适用这样的未成年人

① 龙宗智：《未成年人司法改革的意义与方向》，载《人民检察》2011年第12期，第64页。

权益保护司法制度。不过，从现实看来，这样独立、统一的未成年人司法制度还需要一个探索、积累的过程，但不妨先分别在刑事、民事、行政诉讼中建立起较为成熟的未成年人专门的诉讼程序。

对此，我们建议，可以借鉴我国刑事诉讼法中现行已经建立的“未成年人刑事案件诉讼程序”，修改行政诉讼法，推动“未成年人行政诉讼程序”建立与对未成年人行政审判司法保障，并重点从以下方面进行程序设计与制度完善。

第一，建立未成年人权益保护的行政公益诉讼制度。美国、英国、法国、德国等英美法系和大陆法系国家基于各自的国情现状和法治发展情况，都相应建立了不同的行政公益诉讼模式。① 我们建议，在修改行政诉讼法时，增加行政公益诉讼条款，并将未成年人在行政权力中的权益保护纳入行政公益诉讼范围，建立起未成年人权益保护行政公益诉讼制度。

未成年人是民族的未来，保护未成年人权益本身就是社会的共同责任。建立未成年人公益行政诉讼制度，可以赋予检察机关具有提起未成年人行政公益诉讼的权利，这不仅契合检察机关法律监督的宪法地位和提起公诉的法定职能，而且具有较小制度成本，是一个恰当的制度安排。同时，未成年人公益诉讼制度还可以赋予相关社会组织的原告资格。实践中涉及保护未成年人权益有众多的组织，如妇联、青年组织等群团组织，村委、社区等基层组织。这些社会组织具有一定的经济实力和人力资源，能够确保未成年人行政公益诉讼的顺利进行。

第二，建立未成年人行政审判的简易程序。我国民事诉讼制度、刑事诉讼制度都规定了有关简易程序的内容。我国现行行政诉讼制度却没有简易程序。行政诉讼法第六条规定，人民法院审理行政案件，依法实行合议制度。并在第四十六条中明确了合议庭的具体组织形式，这就明确了行政案件的审理只能适用普通程序。但普通程序，很难实现快速审理。而涉未成年人行政案件中，一些案件本身情节简单，双方当事人争议不大，只是要求从未成年人利益最大化保护出发，要求法院在法律适用上讨公正。简易程序更能够体现诉讼效率，实现司法资源的有效配置。

对未成年人行政诉讼适用简易程序，我们建议将案件范围限定为：基层人民法院一审的未成年人行政案件，且只能是事实清楚、权利义务关系明

① 黄月：《引入行政公益诉讼的现实考量——循序渐进为完整的制度设计找准突破口》，载 http://www.chinacourt.org/article/detail/2013/06/id/1012676.shtml，2013 年 7 月 16 日访问。

确、争议不大、社会影响力不大的简单行政案件。未成年人简易程序行政案件应该由熟悉未成年人司法审判工作的审判员一人独任审判。未成年人行政案件在适用简易程序审理过程中，发现案情复杂，需要转为普通程序审理的，可以转为普通程序，由合议庭对案件进行审理。未成年人行政案件适用简易程序要缩短审理期限，建议立法上明确人民法院应当在立案之日起20日内审结（参照刑事简易程序时间）。对未成年人涉及行政赔偿案件适用简易程序审理的，经双方当事人同意，可在庭前进行调解。

审理未成年人行政诉讼案件，需要强调办案速度、办案效率、办案效果，需要通过简易程序来迅速为未成年提供司法保障，保障其能够尽快恢复正常的生活、学习，为未成年人今后生活、学习创造相对和谐环境。

第三，建立未成年人行政案件的诉讼期间具体行政行为中停止执行制度。行政诉讼法第四十四条规定了诉讼期间不停止执行的原则，但是第六十六条同时又规定了“公民、法人或者其他组织对具体行政行为在法定期限内不提起诉讼又不履行的，行政机关可以申请人民法院强制执行，或者依法强制执行”。我们认为，应该明确未成年人提起的行政案件，一旦提起诉讼，就立即停止执行。这可以最大化地保护未成年人利益，防止不当具体行政行为给未成年人带来损害。

第四，建立未成年人行政审判案件不公开审理制度。行政诉讼法规定：“人民法院公开审理行政案件，但涉及国家秘密、个人隐私和法律另有规定的除外。”对未成年人行政案件是否公开审理并无特别规定。我们认为，未成年人行政诉讼案件中，可以如同《刑事诉讼法》对未成年人不公开审理的规定一样，建立未成年人行政案件不公开审理制度，规定“法院审理不满十八周岁的原告提起的行政诉讼案件，不公开审理。但是经未成年原告及其法定代理人同意，未成年原告所在学校和未成年人保护组织可以派代表到场”。这样，可以防止未成年人行政诉讼案件在公开审判中，将未成年人严重不良行为或违法行为暴露在公众视野下，从而可能对未成年人身心健康、声誉所带来的负面影响。

第五，建立未成年人行政案件的庭审释明机制与依职权调查取证机制。未成年人参与行政案件审判中，作为一方当事人的未成年人在参与行政诉讼中的能力相对较弱。为了保障未成年人在行政诉讼活动中的均衡态势，法官在行政审判的程序运行过程中可以结合未成年人当事人参与审判情况，告知当事人诉讼风险，引导当事人恰当行使诉讼权利、客观预期诉讼结果、慎重选择维权途径，对争议焦点以及涉及的法律法规，进行必要的阐述和解释。

同时，未成年当事人在证据调取等方面存在能力上的缺陷，在无法得到其他途径弥补的情况下，可以启动法院职权向相关个人、单位和部门进行调查取证。但是，诉讼释明、依职权调查取证都应当严格控制在一定范围之内，尽可能避免法院在诉讼中大包大揽，避免司法职权的过度干预。

第六，尽可能将未成年人行政案件纳入到少年综合法庭审理。行政诉讼法修改时，可以将未成年人为行政诉讼一方当事人的行政案件纳入到少年综合法庭审理；未建立少年综合法庭的，由行政庭审理，但应当专门指定熟悉未成年人审判的法官审理案件。对未成年人行政案件的审理应尽可能采用符合未成年人身心特点的庭审方式，“寓教于审”，并在必要时，吸收学校老师、教育部门工作者、社会工作者以及部分家长参与审判工作，加大教育、引导与保护未成年人权益的力度。

第七，完善未成年行政诉讼意见的独立表达机制。我国现行行政诉讼法规定了未成年人由其法定代理人代为参加诉讼。但在一些行政案件中，未成年人的法定代理人的意见并不能完全代表未成年人本人的意愿，甚至有可能损害他们的利益。如本文材料 2 中，原告高浩翔的爷爷高根水未经授权，即以原告及高新成的名义提出撤诉申请，导致一审法院裁定撤诉，使得未成年人的诉讼利益没有得到有效保障。因此，有必要在未成年人行政诉讼中，构建一套有效的未成年人诉讼意见独立表达机制，保障其向法院充分陈述自己的真实意愿，以作为裁判的依据。

结　语

行政审判中，涉及未成年人权利案件并不单是未成年人治安处罚案件，还涉及未成年人接受教育权等行政案件。在此，我们希望通过就治安管理处罚法对未成年人适用的分析，引起对行政审判中对未成年人权利司法保障的关注，并在涉及未成年人行政诉讼中，整合目前成熟的未成年人司法制度的诉讼程序，为未成年人权利保护诉求提供充足的程序供给，实现未成年人利益最大化，使未成年人成长更能够适应社会发展，成为遵纪守法的好公民。

【改革与探索】

善意的隐瞒：探寻未成年人犯罪记录封存制度完善之路

——以未成年人最佳利益原则为视角

吴贵楷* 刘 阳**

论文提要：于2013年1月1日正式实施的新《中华人民共和国刑事诉讼法》（以下简称《新刑事诉讼法》），首次以法律的形式确立了我国未成年人轻罪犯罪记录封存制度。该制度的确立，无异于在少年司法这块试验田上响起的一记春雷，经过长久的酝酿终于挣脱了传统“标签”理论的束缚，契合国际立法潮流，顺应现实司法改革需求，更为重要的是，它将我国的未成年人权益保护提升到一个新的高度，让失足未成年人更加真切地感受到国家和社会给予他们的道义体恤和人性温暖。欢欣鼓舞之后我们尚需冷静，在司法实践中如何执行落实这一新制度成为亟待解决的问题。本文从未成年人最佳利益原则出发，试图运用社会学的社会化理论，结合中国的国情背景与民众对该制度的认同程度，在考察罪错未成年人的犯罪特点与生存现状的基础上，深入分析该制度所体现的公平正义理念，并指出其尚待完善之处，通过对个体社会化过程中如何实现社会整体良性发展与个体进步双赢为价值取向，审慎地提出封存制度实施过程中若干补益性措施。

这是一件真实的事情：16岁时，小欧因抢劫被判刑，释放后他痛改前

* 广州市越秀区人民法院审判管理办公室副主任。
** 广州市越秀区人民法院少年庭副庭长。

非，重拾课本继续求学。22岁时，小欧通过自己的努力和家人的帮助，成功被一家国际大型机场录用为正式员工，全家人为他走出了犯罪阴霾而高兴不已。不料两年后，机场发生了一起严重的责任事故，机场为加强管理、防止此类事件的再次发生，到公安机关调取了全部员工的个人档案，然后将曾有犯罪记录的员工逐一辞退，与事故无关的小欧也在被辞退之列。失业后，小欧不曾放弃理想，继续向银行、大型企业等单位求职，但最终都因有过犯罪记录而被拒之门外。无奈之下，家人只能帮他买了一辆货车以跑运输为生。生活的巨大变化和社会的冷漠拒绝成为小欧生命中不能承受之重，苦闷之余，小欧经常参与聚众赌博，不久之后，再一次因犯罪而锒铛入狱……

诚然，我们可以批评小欧对善良没有给以强大坚持，但是，社会与大众对小欧的冷漠与歧视，导致小欧最终未能守得云开见日出，也是值得我们深思与叹息的！我们希望，未成年人轻罪犯罪记录封存制度的实施，可以在刚性的法律中注入柔性的道义，让与小欧类似的孩子改变一生的命运，走上一条完全不同的人生道路。

一、封存制度与社会化的概念解读

（一）封存制度的解读

刑事诉讼法第二百七十五条规定："犯罪的时候不满十八周岁，被判处五年有期徒刑以下刑罚的，司法机关和有关部门应当对相关犯罪记录予以封存。犯罪记录被封存的，不得向任何单位和个人提供，但司法机关为办案需要或者有关单位根据国家规定进行查询的除外。依法进行查询的单位，应当对被封存的犯罪记录的情况予以保密。"根据该条规定，我国目前的犯罪记录封存制度的适用对象是犯罪时不满18周岁的未成年人，封存的范围限于轻罪犯罪记录。犯罪记录一旦封存，将由政法机关严格保密，有关该未成年人的犯罪经历将不会载于对社会公开的任何档案之中。相关部门在档案填报、出具有关证明文书时，应当填写无犯罪记录或出具无犯罪记录的证明。①

根据上述规定分析，封存制度具有以下特征：（1）适用条件：犯罪的时候不满18周岁且被判处五年有期徒刑以下刑罚的。（2）程序启动：封存

---

① 彭瑶：《未成年人犯罪记录封存制度有感》，载 http://www.farmer.com.cn/xwpd/tjyd/201204/t20120405_709425.htm，最后访问时间：2012年5月9日。

程序不以申请为前提，在法定条件出现时司法机关和有关部门即需对该犯罪记录进行依职权封存。（3）生效时间：法律并未对本制度设置考察期限，只要符合上述两个客观条件，在有罪判决作出的同时相应产生犯罪记录封存的效果。

（二）社会化概念的分析

社会化属于社会学的专门术语，其基本含义是指个体的生物人成长为社会人，并逐步适应社会生活的过程，经由这一过程，社会文化得以积累和延续，社会结构得以维持和发展，人的个性得以形成和完善。[①] 对此，我国著名学者赵秉志老师认为，从个人角度来讲，个人社会化是个人得以适应社会参与社会生活，在社会生活中独立生存的必要前提；从社会角度来讲，社会化是人类社会运动及人类文化不断延续和发展的前提。[②]

（三）封存制度与社会化理论的契合点

从社会学角度来看，个人与社会始终处于互动之中，作为社会组成部分的生物人，通过适应并融入社会成为社会人，同时，又在参与社会活动的过程中通过对周围群体的沟通应对进而影响社会发展，少年儿童通过生理的发育成熟与心智的培养完善，逐步适应社会规则并参与社会活动。而社会化过程中，个人与社会也在相应进行发展变化，则个体通过修正行为偏差再度融入社会，如下图所示：

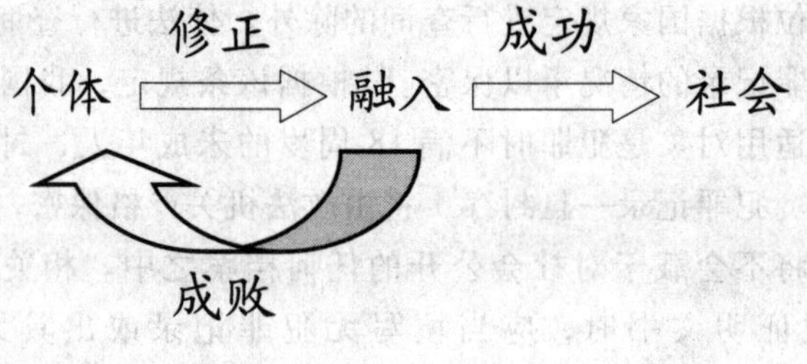

个体在融入社会寻求社会化过程中，社会对通过教授知识、行为模式

① 郑杭生：《社会学概论新修》，中国人民大学出版社1998年版。

② 赵秉志、廖万里：《论未成年人前科应予消灭——一个社会学角度的分析》，载《法学论坛》2008年第1期。

和道德规范促使其同化，正如社会学家利维所指出："如果一个个体被反复灌输了其社会行动结构的足够的一部分，从而有效地表演他在该社会的角色，那么该个体就是适当地受化了。如果适当地受化了个体的数量足够使一个社会的结构性要求发挥作用，那么，这个社会就有了适当的社会化。"① 社会群体对个体的善恶判断及由此而产生的应对效果，很大程度决定了相对应个体的善恶取向，并产生了"物以类聚、人以群分"的效果。

从法的社会作用来讲，严重的社会偏差行为违反了社会运行基本规则，国家通过刑法上的否定性评价并处以刑罚及教育改造，而改造成功者则再度融入社会、回归社会，为确保这一目标的实现，提高改造效果、增加融入社会的有利条件、减少阻碍融入社会的不利条件，成为法律运行过程中必须考虑的重要问题，正如学者所言"作为立法者，应本着改造、完善人格，促进人类健康发展的宗旨，科学地衡量各种犯罪的不同的社会危害程度，并配之以相应合理的刑法调控强度，为罪犯留下后退获得宽恕的回旋余地，以求得新生、向上、向善的希望与权利。"② 封存未成年人的犯罪记录，避免罪错未成年人因轻微犯罪而长期遭受社会排斥，以人道、宽恕的措施，为部分失足未成年人回归社会创造有利条件、提供发展空间，促使其成功再社会化，是人道主义的具体体现，也是司法文明的大趋势。从这一角度来看，未成年人犯罪记录封存对未成年人个体社会化具有重要的增益意义。

二、未成年人犯罪的特征与社会化障碍

为充分了解封存制度的积极意义，我们有必要对现阶段未成年人的犯罪特征进行分析，并考察未成年刑释人员的生存现状，才能得出封存制度之社会需求，为该制度的适用寻求现实切入点。

（一）未成年人的犯罪情况统计分析

我国司法实践中，少年审判尚处于创制阶段，笔者所在的G省G市从2007年开始在辖区内各级法院设立少年审判庭，相关未成年人的犯罪数据也从该时间开始独立统计，笔者截取所在Y区法院2007年至2011年共计5年期间的未成年人刑事案件进行统计分析。

---

① 狄雅娜米·其布什，罗贝塔·G西蒙斯：《一生的社会化过程》，载［美］莫里斯·罗森堡，拉尔夫·H特纳：《社会学观点的社会心理学手册》，南开大学出版社1992年版，第143页。

② 陈正云：《刑法的精神》，中国方正出版社1999年版，第247页。

表一　G省G市Y区法院2007～2011年未成年人犯罪案件统计

	犯罪总人数	五年以下量刑人数	后者占前者比例
2007年	244	230	94.26%
2008年	284	276	97.18%
2009年	166	165	99.40%
2010年	133	133	100%
2011年	126	126	100%

表二　五年以下量刑人员中的特征统计

	五年以下量刑总人数	再次犯罪	占总人数比例	团伙犯罪	占总人数比例
2007年	230	11	4.78%	126	54.78%
2008年	276	7	2.54%	136	49.28%
2009年	165	6	3.64%	43	26.06%
2010年	133	5	3.76%	64	48.12%
2011年	126	3	2.38%	48	38.10%

表三　判处五年以下有期徒刑的案由分布统计

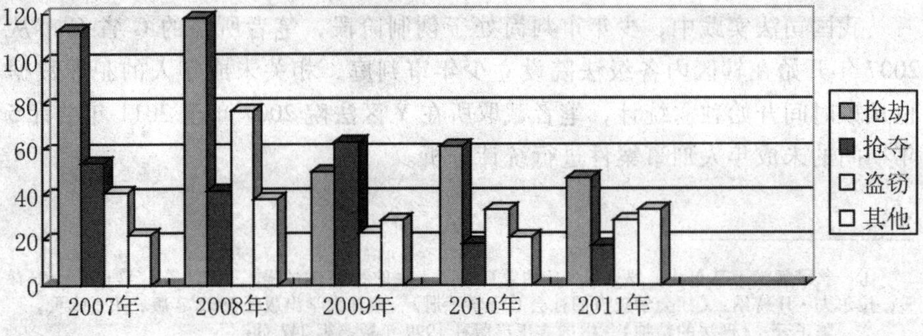

根据上述数据分析，可以直观地看出笔者所在法院近五年来受理的未成年人犯罪案件呈现以下特点和变化趋势：

1. 数量特征：未成年人犯罪人数呈抛物线下降趋势，2008 年犯罪总人数较上一年度略有上涨，之后逐渐下降，2011 年的人数降至 2007 年的一半左右，这说明近年来未成年犯罪人数呈整体减缩状态，这一可喜态势与笔者所在地区学校、社区普遍加强未成年人法制教育力度有关，也受该期间国家加大力度推行未成年人犯罪非监禁的司法政策所影响。

2. 类型特征：未成年人犯罪具有暴力性、财产性特点，类型相对集中且性质单一化，主要集中在侵害财产类犯罪，其中抢劫、抢夺、盗窃等三种罪名囊括历年统计之前三名，除 2009 年抢夺罪比例略高外，其余统计年度均以具有使用暴力手段为要素的抢劫罪高居首位。

3. 处刑特征：未成年人犯罪处刑普遍具有轻缓化特征，未成人犯罪总人数中绝大部分量刑均为五年以下有期徒刑，2010 年和 2011 年高达 100%，比例最低的 2007 年度也达到 94.26%，主要原因是未成年人犯罪的社会危害性相对较低，且普遍具有悔罪表现，也与其监护人及时对被害人加以经济补偿，进而获得被害人及其亲属谅解有关。

4. 团伙特征：判处五年以下有期徒刑的案件中，团伙性犯罪的数量呈逐年波动、总体下降的趋势，最高年度的 2008 年为 136 人，最低年度的 2009 年为 43 人，总体来看，团伙性犯罪占五年以下量刑的未成年人犯罪总人数的比例仍然偏高。

5. 情节特征：统计表中历年未成年人犯罪轻缓刑判决中均包含了部分再次犯罪情形，包括刑罚执行完毕后再次犯罪和缓刑考验期间再次犯罪两种类型，虽然再次犯罪人数均未超过该年度未成年人犯罪轻缓判决总人数的 5%，但这一现象仍应引起重视。①

（二）未成年犯罪人回归社会后的生存状况

罪错未成年人在刑罚执行完毕势必面临再社会化的问题。经查找资料，我国目前尚无关于罪错未成年人回归社会后生存现状的权威统计分析数据，为我们进一步了解这类人员的生存现状带来了困难。鉴于笔者所在的法院近年来对处于缓刑考验期的罪错未成年人进行回访时均建立了个人档案，故拟

① 未成年人犯罪特征归纳分析方面，参考借鉴了梅洪强：《防止未成年人犯罪的法律对策研究》，载《中国期刊网》。

以该档案为样本进行考察分析，力图以点带面，收管中窥豹之效（囿于统计数据保存方面的原因，仅能以最近两年的缓刑回访数据作为考察样本）。

表四　2010～2011年未成年缓刑刑释人员去向统计（单位：人）

年份（年）	总人数	上学	就业	无业
2010	61	32	21	8
2011	77	36	23	18

上表看起来情况似乎并不糟糕，那么，请看该段期间未成年缓刑刑释人员入读学校情况及就业情况比例图：（表五）

2010～2011年就职行业类别比例图

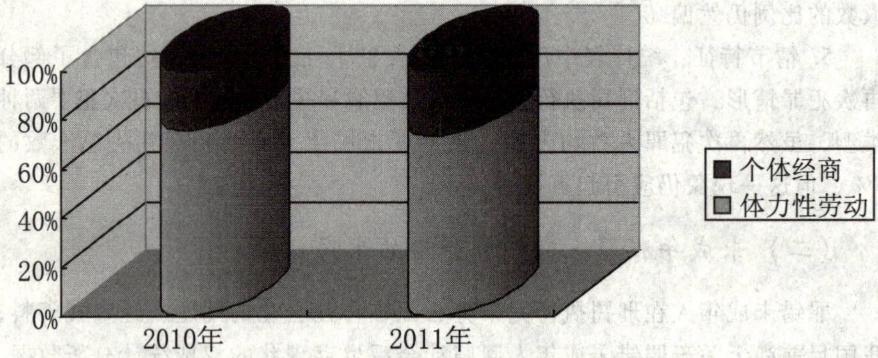

从上表可以看出未成年缓刑刑释人员再社会化过程中存在的问题：

1. 复学率不高。从统计数据上看，仅一半略多的人能够重新进入学校学习，其余人员均提前进入社会，其中不排除有本人厌学的因素，但大部分是被原学校拒之门外。回访中，不少家长反映，孩子一被判刑，原就读的学校就取消了他的学籍。

2. 复学情况不理想。作为考察对象的未成年刑释人员中虽然有一半人可以继续上学，但基本上都是入读职中和技校，只有极少数可以入读全日制普通中学，目前的全日制普通高中均不愿意接收有犯罪记录的学生，从而以各种理由设置入学、升学、转学障碍，入读职中或专科类技校成为想继续上学的未成年刑释人员唯一选择。

3. 就业比例偏低。提前进入社会的刑释未成年人中，超过三分之一的人无法找到工作，这种情况，一方面是由于未成年刑释人员知识水平较低，缺乏社会竞争力；另一方面也与其个人档案中有犯罪记录，被发展前景较好、规模较大的公司、企业所拒绝有关。

4. 可供选择的职业单一。在已就业的未成年人缓刑刑释人员中，除少数人选择个体经商外，在个人能力不足与社会排斥的困境下，大部分人只能从事收入较低的体力性劳动，以个人诚实劳动获取合法收入维持生活的压力远远大于周围其他同龄人，客观上聚集形成了新的低收入阶层社会群体，当个人理想期望与现实落差过大时，这一未成年人群体容易成为滋生犯罪的温床。

综合来看，未成年刑释人员多处于两难之境：继续就读，原就读学校已取消其学籍，其他普通全日制中学也将其拒之门外；选择就业，由于知识水平不足、学历技术不高，使其社会竞争力低下，只能从事低收入职业。这一窘迫局面导致大量未成年刑释人员选择无所事事游手好闲，甚至为生计所迫再度融入不良团体从事新的犯罪活动。关爱未成年人，关心未成年刑释人员的生存现状，加大挽救扶持力度，不仅是对未成年人的保护，也是阻断成人犯罪“后备军”，减少社会犯罪率的重要途径。[①] 从这个角度来讲，未成年人犯罪记录封存制度的适时出台，对全面构建充满人性关怀的未成年人保护制度，促进社会整体良性发展具有重要的实践价值。

三、封存制度的社会认知与需求

在分析未成年刑释人员生存现状的基础上，尚需进一步考察当前社会大众对封存制度的认知和接受程度，正视社会大众对封存制度运行可能存在的隐患与担忧，有的放矢地提出相应对策，为封存制度的社会化运作寻找实际着力点。

---

① 梅洪强：《防止未成年人犯罪的法律对策研究》，载《中国期刊网》。

（一）大众认知的社会调查与分析

为充分考察社会大众对犯罪记录封存制度的认知与需求，笔者就该制度涉及的相关问题制作了相应的调查问卷，分别向四类群体进行了调查：（1）司法实务工作者（包括法官、检察官、警察、律师）；（2）基层社区工作者（即司法社工）；（3）教育工作者（包括中小学教师）；（4）家长（限于中学学生家长），受访总人数138人。由于客观条件限制，调查方式采取实地发放书面问卷或电话访谈的方式进行。以下是问卷调查的基本情况（调查问卷见本文附件）：

问题1，在接受本次问卷调查前，您是否了解这一制度？（表六-1）

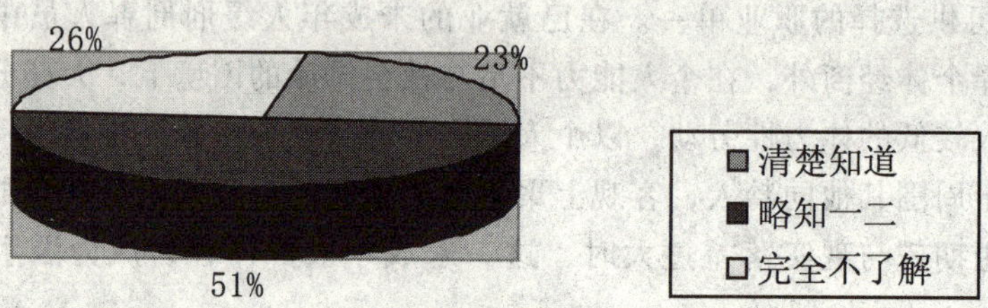

问题2，您是否支持这一制度的推行？（表六-2）

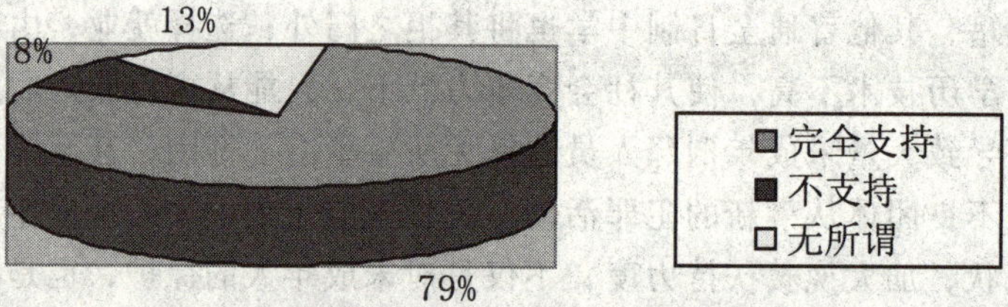

问题3，该制度在实施后可能存在哪些隐忧与疑虑？（表六-3）

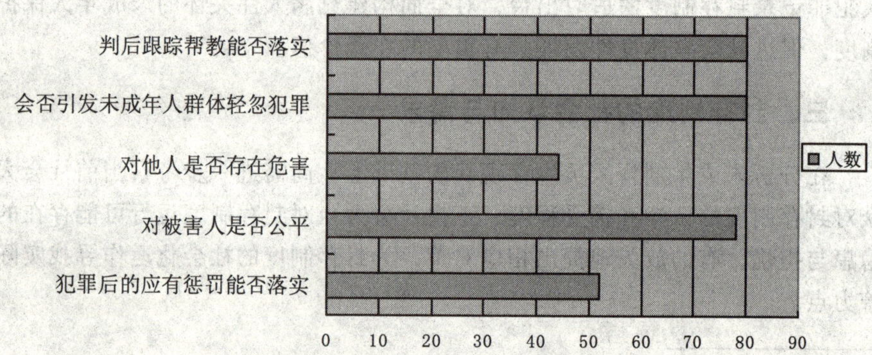

问题4，是否应以罪错未成年人真诚悔过作为封存条件？（表六-4）

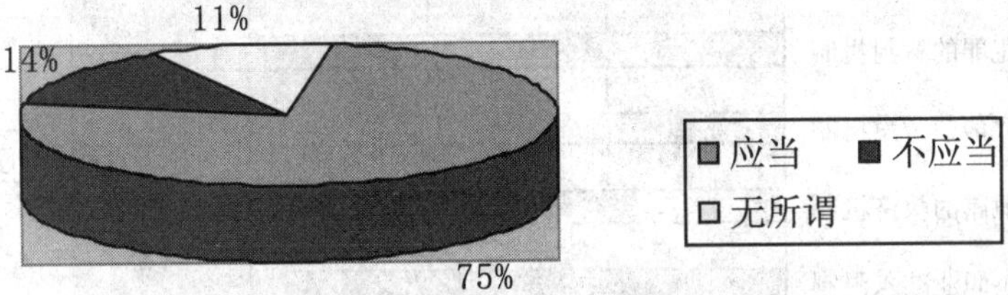

问题5，在封存前应否设定一定的经过期限予以考察？（表六-5）

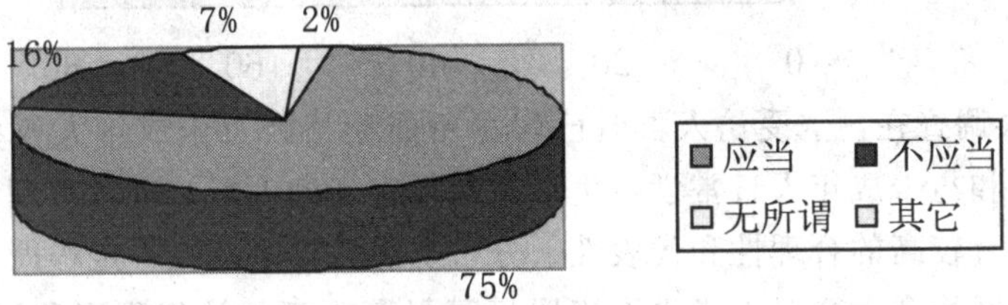

问题6，对于18周岁以前有过2次以上犯罪记录的人，能否适用封存制度？（表六-6）

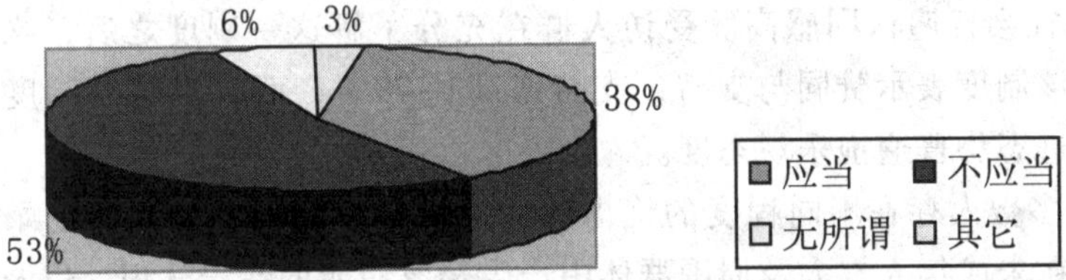

问题7，目前我国法律对罪错未成年人的职业准入限制是否合理？①（表六-7）

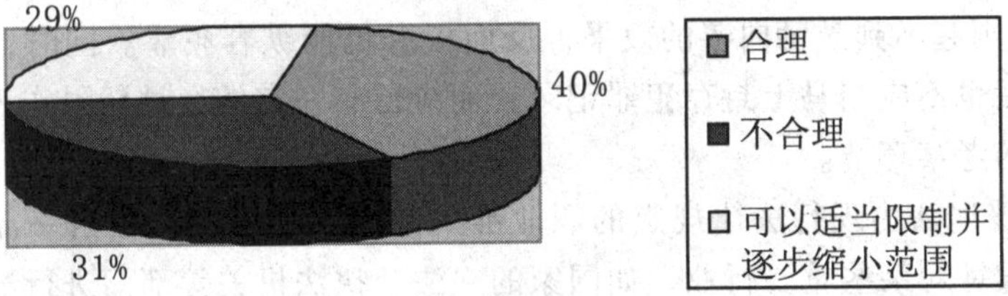

问题8，为完善该制度，确有必要配套施行的措施是？（表六-8）

① 根据我国现行法律规定，有过犯罪前科的未成年人将永远不能从事以下行业：公务员、法官、检察官、警察、律师、教师、职业医师、拍卖师，即使犯罪记录被封存之后也一样。

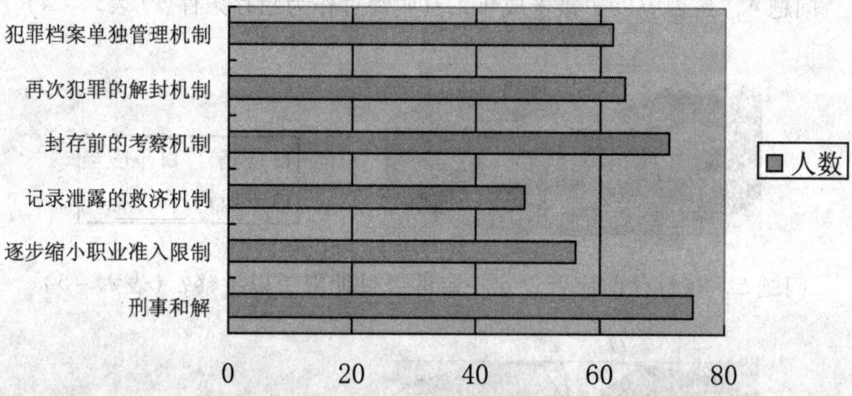

本次调查在挑选受访人群时已竭尽所能涵括涉及未成年人权益保护的重要部门和与未成年人日常学习生活关系最密切的人群，笔者有理由相信上述数据具有较高的合理性和代表性，分析上述数据足以在一定程度上说明笔者所在地区社会大众对未成年人犯罪记录封存制度的认知程度和评价情况。从上述统计数据的分析来看，社会大众对封存制度既有期望和赞同，也普遍存在一定程度的忧虑。

1. 社会普遍认同感高。受访人群在充分了解这一制度之后，绝大部分人均对该制度表示赞同与支持，支持率高达79%，而且对这一制度的整体实施推进态势普遍抱乐观态度。

2. 多数人存在不同程度的忧虑感。担忧最多的问题是犯罪记录的封存会不会在未成年人本人及周围群体中产生轻忽犯罪的错误认识，以及判后的跟踪帮教能否落到实处。

3. 建议设定封存条件与考察期。基于上述的担忧，绝大部分受访者提出在封存前一定要考察该罪错未成年人是否真诚悔过，决不能“一概而封”，否则起不到鼓励向善的效果，反而极有可能纵容犯罪。同时，刑罚执行完毕后也不应当马上封存犯罪记录，而应留有一定的经过期限作为稳固悔过表现的考察环节。

4. 普遍认为现行法律规定的职业准入限制不尽合理。相当一部分人表示现阶段针对某些重要行业，如国家的立法、执法机关等部门进行准入仍然是必要的，但目前被限制进入的职业太多了，应当适当缩小范围，解除对部分非关键部门的准入限制，否则不利于鼓励罪错未成年人改过自新。

5. 建议完善配套制度。多数受访者认为当前少年司法配套制度不完备成为制约封存制度乃至整个少年司法工作发挥良性效果的短板，在对封存制度可能有裨益的配套制度选择上，以刑事和解为核心的恢复性司法制度、封存前的考察机制、犯罪记录解封震慑措施等成为大众聚焦的重点。

（二）封存制度之深层剖析

设置新制度进行社会改革，即使这项制度的执行所带来的好处是全面与深远的，也不可避免引起思考与疑虑，甚至出现反对与质疑的声音，从上述调查情况来看，社会公众对封存制度普遍抱乐观支持态度，但大部分人也提出这一制度在执行过程中可能存在隐患，并建议控制推进节奏，边推进边调研，边发现问题边解决问题，小部分人表示不赞同封存制度并认为制度的执行可能造成影响其他未成年人、在未成年人群体中造成轻忽犯罪的错误认识。笔者认为，不论是对制度执行过程可能存在隐患的担忧还是提出反对意见，只要是着眼于未来，着眼于社会整体和谐发展，任何争议都是好事，通过分析研究这种思考与质疑，有利于我们发现问题，寻找症结之所在。从保护新制度良性运作并进而提出应对措施的角度出发，笔者着重对封存制度执行中可能存在的不足加以归纳分析：

1. 适用条件过于简单。刑事诉讼法规定的封存制度的两个适用条件均属于客观标准，同时符合犯罪时未满 18 周岁且被判处五年以下有期徒刑这两个条件即可，对于是否真诚悔过、是否属于再次犯罪、团伙性犯罪等危害性较大者不加区分一概予以宽宥，这与我国罪责刑相适应的刑罚原则和宽严相济的刑事政策相悖。

2. 封存程序有待补充。按照条文本义解读，在符合上述两个法定条件的情况下，有罪判决一经作出，未成年人的犯罪记录随之自动、即时产生封存效果，不以未成年人提出申请为前提，也不需相应的考察考验，这一做法，过于强调对未成年犯罪人的保护而失之于宽，客观来看，确有造成该罪错未成年人本人及周围未成年人群体轻忽犯罪之嫌。

3. 悔过情况审查缺失。国家运用刑罚对犯罪行为进行惩治，其根本目的在于教育与改造，对未成年人适用轻缓刑罚措施的出发点在于犯罪人社会危害性低且对其罪行确有悔过自新的决心与行动。统计数据中所反映的罪错未成年人在缓刑考验期间或刑罚执行完毕之后再次犯罪的情况每年均有发生，这足以说明这一部分罪错未成年人对其原所犯罪行的社会危害性并无清楚认识，也无真心悔改心理与实际行动，将这类未成年犯罪人不加区分一概纳入封存制度加以保护，既不利于对其再次进行改造，也有违封存制度设置的初衷。

4. 有权机关范围不明。封存制度规定了封存机关为“司法机关和有关部门”，有权查询机关包括“因为办案需要的司法机关”和“有关单位”，除依从条文确可推知的法院、检察院、公安机关、国家安全部门、司法局等国家机关外，有权查询部门尚包括指向不明的“有关单位”，倘若学校、招生办和一般企事业单位也在该“有关单位”之列，则封存制度执行过程中，罪错未成年人在复学、参加高考和选择就业时所要面对的重重障碍将依然存在，排斥有犯罪记录者的社会局面难以得到有效改观。

四、实施封存制度的价值考量

（一）封存制度符合未成年人保护的国际要求

1985年11月29日，联合国第40/33号决议通过的《联合国少年司法最低限度标准规则》（简称《北京规则》）第21条规定：“少年犯罪的档案不得在其后的成人诉讼案中加以引用。”《联合国保护被剥夺自由少年规则》第19条规定：“释放时，少年的记录应封存，并在适当时候加以销毁。”当下，国际上多数国家均在“儿童最佳利益原则”① 下不同程度地建立了未成年人犯罪记录封存、消灭制度。在我国现有国情下，建立封存制度为罪错未成年人消除心理压力，减少其再社会化过程中的阻碍，营造良好的社会氛围，引导罪错未成年人以全新的精神面貌继续学习并融入社会，符合国际少年司法潮流，也有利于我国少年刑事司法制度与国际接轨。

（二）我国具备建立封存制度的传统文化基础

我国传统文化本身包含了适合封存制度生存的内在意蕴，如《周易·益·象》中所讲“见善则改，有过则迁”，又如《左传·宣公二年》所讲的“人谁无过，过而能改，善莫大焉”，强调对人的改造和劝善，主张宽恕和爱人。作为我国传统主流文化的儒家思想，其核心精神是提倡“仁者爱人”，孔子在其《论语·学而》提出“泛爱众，而亲仁”的主张，注重个人人格修养，尊重群体人格，并推己及人，在与子贡探讨用一句话概括终身尊

① 未成年人最佳利益原则的概念源于“儿童最佳利益原则”的概念。1989年11月，联合国《儿童权利公约》第3条第1款规定：“关于儿童的一切行动，不论是由公私社会福利机构、法院、行政当局或立法机构执行，均应以儿童的最大利益为一种首要考虑”。其中，“儿童”是指“18岁以下的任何人”，这与我国未成年人的概念是相同的。有学者认为，未成年人最佳利益原则是指在办理涉及未成年人的案件时，应当保障程序设置和实体处理都优先考虑最有利于未成年人权益的维护和健康成长。

奉的行为准则时，孔子提出“其恕乎。己所不欲，勿施于人”，要求以宽恕之道为待人准则，即自己所不喜欢的，也不要加诸于他人身上。① 传统文化在伦理道德司法方面，也秉持“少者怀之”和“救助慈幼”的保护政策，孔子甚至将“少者怀之”作为国泰民安的重要指标项，认为对于国运昌盛、百姓安居乐业具有举足轻重的作用与意义。② 孟子则更进一步提出“幼吾幼以及人之幼”，在抚养教育自己的小孩时不应忘记其他与自己没有血缘关系的小孩，推己及人，以此作为其理想中大同社会的特征。③

传统文化中的仁爱思想和宽恕精神，赋予有过错之人以平等人格及尊重，并强调对未成年人的特殊保护和关怀，在这种文化意蕴熏陶下，对失足的未成年人以宽恕之心平等对待，并积极帮助其改正过错，引导其回归社会，融入群体，符合人民群众的基本价值取向。

（三）封存制度有利于实现平等思想

人人生而平等是现代人权思想的基本要求，而犯罪记录的存在从客观上影响了这一人权思想的实现，按照犯罪标签论的观点，④ 犯罪记录成为犯罪者异于常人的标签，一个人一旦被贴上犯罪标签，在随后的社会活动中，人们往往以此作为对其进行社会评价的基础，并进行相应的判断与推测，进而另眼相看，导致了嗣后社会化交往和社会资源分配过程的不平等，正如戈夫曼在《污点》一书中所述：“在我们的头脑中，他从一个正常和完美的人降到了一个有污点而不可信赖的人。”在犯罪标签的影响下，人们自觉不自觉地以标签效果对群体进行划分，将具有犯罪标签的人视为一个另类的群体，将之排除到社会主流之外，即一个人在犯罪之后，除了接受刑罚惩罚之外，尚需以其后社会活动过程中持续受歧视与抑制为代价。犯罪记录标签化对罪

---

① 《论语·卫灵公》：子贡问曰：“有一言而可以终身行之者乎?”子曰：“其恕乎。己所不欲，勿施于人。”

② 《论语·公冶长》，原文为：颜渊、子路侍。子曰：“盍各言尔志?”子路曰：“愿车马、衣轻裘，与朋友共，蔽之而无憾。”颜渊曰：“愿无伐善，无施劳。”子路曰：“愿闻子之志。”子曰：“老者安之，朋友信之，少者怀之。”亦即期许老者得到安养、朋友彼此互信、未成年人得到爱护。关于“少者怀之”所体现的治国意义，参见张鸿巍：《少年司法通论》，人民出版社 2008 年版，第 69 页。

③ 《孟子·梁惠王上》：“老吾老以及人之老，幼吾幼以及人之幼。”即在赡养孝敬自己的长辈时不应忘记其他与自己没有亲缘关系的老人，在抚养教育自己的小孩时不应忘记其他与自己没有血缘关系的小孩。

④ 犯罪标签理论研究的主要是犯罪者和视图对犯罪者予以惩罚的社会、群体以及他们之间相互作用以及这种互动所导致的犯罪者犯罪生涯的形成。参见赵秉志、廖万里：《论未成年人前科应予消灭——一个社会学角度的分析》，载《法学论坛》2008 年第 1 期。

错未成年人所产生的社会非理性效果，与人人平等的人权思想相左。

（四）封存制度符合刑法谦抑性要求

“刑法的谦抑性是现代法治社会中刑法应有的价值意蕴，而刑法宽容性则是刑法谦抑性的应有之义。”① 刑法的直接效果是惩治犯罪，但刑罚的根本目的不在于报复性，更深层次的目的在于教育与震慑。刑法对违法犯罪行为进行否定性评价并给予相应的刑罚惩治，这是社会公平与正义所要求，而对于已接受刑罚处罚并改过自新之人则应当给予相应的社会尊重并为其回归社会提供必要的帮助与条件。如果把一个已改过自新，一心向善的人长期贴上犯罪标签，不允许其回归社会，将其排除在社会群体之外，则有违正义与公平的基本要求，减弱刑罚报复效果，通过对合乎条件的犯罪记录予以封存，符合刑法宽容和谦抑的特征。

五、封存制度的构建与完善

以宽容的心态对未成年人倾注更大力度的保护与关怀，是文明社会与现代司法的共同要求。以善意看待过失，构建未成年人犯罪记录封存制度，引导罪错未成年人改过自新，为其回归社会营造公平的社会环境与制度，是我国当前社会发展与进步亟须解决的问题。刑事诉讼法规定的封存制度从整体来看有利于进一步抑制降低我国目前未成年人犯罪率，提高罪错未成年人再社会化效果，但从制度落实的现状需求来看，现有规定失之于简，为真正达到保护未成年人的效果，应当对其加以细化完善，并建立相应的配套制度。

（一）封存制度的细化完善

如上文分析，我国现有法律对封存制度仅作原则性规定，具体的审查标准与封存机关不明确，对罪错未成年人主观悔过程度审查缺失，实质执行过程中不可避免会带来权限不明、良莠不分之弊，为确保封存制度的良性运作，应当对封存制度加以细化，建立完善的审查标准与操作规范。

1. 建立危害性审查标准

封存制度的实施并非对犯罪行为的无节制宽容，正所谓过犹不及，对于社会危害度极高或无悔过改造表现者不加区别一律适用封存制度加以保护，

① 钱叶六：《前科消灭制度评析与设计》，载《内蒙古社会科学（汉文版）》2004年第5期。

不符合封存制度建立的根本目的，封存制度的适用应引进考虑犯罪危害性和行为人悔过程度考察的实质标准。首先，犯罪行为应具备社会危害性较低的特点，如《德意志联邦共和国少年法院法》第97条对未成年人前科记录消除判决中的排除性规定即属此例，该条规定“如涉及依普通刑法典第174条至180条或第182条所为之裁判不得宣布之。”其中排除范围主要包括性方面的犯罪。① 其次，未成年犯罪人应有明确的悔罪表现，如积极赔偿国家或受害人损失、以诚实劳动获取合法收入且模范遵守法律等。② 通过对危害性进行实质性审查，排除部分社会危害性极高的犯罪，并在封存前考察未成年犯罪人是否确有悔过自新的表现，以维护社会安全和保证公平原则。

2. 设置经过期限

针对区别不同类型刑罚种类加以区分并设置不同的经过期限，该期限经过而未成年犯罪人未出现新的犯罪行为，方对其犯罪记录加以封存，应作为封存犯罪的客观要件。《俄罗斯联邦刑法典》第86条规定了前科、前科消灭制度和前科撤销制度，只要该条设定的法定情形一经发生，不需法院的专门裁决，也不需要任何证明证明这一事实的文件，前科即自动消灭。该法典第95条对未成年人前科消灭期限加以缩短，规定对年满18周岁之前实施犯罪的人，前科消灭的期限分别为：（1）因轻罪或中等严重的犯罪而服剥夺自由刑的，服刑期满后经过1年；（2）因严重犯罪或特别严重的犯罪而服剥夺自由刑的，服刑期满后经过3年的。③ 刑罚执行完毕后设置一定的经过期限，是考察未成年犯罪人社会危害性消除及悔过情况的必要步骤，结合我国青少年教育的实际情况，罪错未成年人大多处于中学阶段，设置封存记录期限时应充分考虑犯罪记录对其升学及高考可能存在的影响，并允许在特定情形下可依申请缩短经过期限提前封存。

3. 建立救济程序

无救济则无权利，未成年人前科封存制度的救济措施亦必不可少，要想使未成年人前科封存制度在运行时能够避免形同虚设，立法上除了要明确规定该制度的法律效果，尤其是司法机关、行政机关和有关部门、人员的封存

---

① 徐久生、庄敬华译：《德国刑法典》，中国方正出版社2004年版，第90~97页，第211页。

② 有的国家刑法规定，仅仅在法定期限内未再犯新罪还不够，尚需具备下列表现方能消除前科：（1）能够积极履行法院所指定的义务，如尽力赔偿因自己犯罪行为对国家和公民个人所造成的经济损失，积极缴纳罚金等。（2）能够以诚实的劳动所获得的合法收入维持生活，并赡养和抚养家庭成员。（3）能模范遵守法律，以实际行动证明自己确实已得到改造等等。参加马克昌主编：《刑罚通论》，武汉大学出版社2001年版，第712页。

③ 黄道秀译：《俄罗斯联邦刑法典》，北京大学出版社2008年版，第36~38页。

保密义务外，还必须明确规定违反法定义务的法律责任、制裁措施，针对犯罪记录档案泄露建立救济途径与救济措施，规定擅自泄露已依法封存的未成年人犯罪记录的有关机关单位和直接责任人应承担相应法律责任。通过法定途径明确违法泄露已封存犯罪记录的法律后果，增加封存制度的可执行性和权威性。

4. 增设解封条件

犯罪记录封存在于对未成年人的最佳利益保护，但并非对犯罪行为的无限制性宽容，也非对犯罪经历的否认。正如前南学者尼古拉·来伦蒂克教授所言，注销判决既不意味着销毁处罚的材料，也不是捏造没有犯罪前科的材料。注销判决的唯一结果是对提供有关资料加以限制，有关资料只能向法院、检察院和内务机关提供，并且只能在对已注销判决的人又提起新的刑事诉讼的情况下，方能提供。① 对于未成年人无悔过表现，再次故意犯社会危害性较大的罪名，如危害国家安全及后果严重的性犯罪的，应对其犯罪记录加以解封。如同达摩克利斯之剑，特定情形下允许解封犯罪记录，有利于促使未成年犯罪人认识到犯罪记录的封存绝非对其已犯罪行的纵容，而是宽容、善待和激励，从而发自内心的珍惜这一制度为自己创造的条件，更好地吸取教训、改过自新，重新融入社会。

（二）建立配套制度

犯罪记录封存作为一项新刑事司法制度，仅仅通过制度本身并不足以确保该制度在我国现行司法土壤中实现良性运作，必须通过制定相应的配套性措施保障制度的长效执行和避免执行过程对社会大众造成新的危害。

1. 吸收恢复性司法制度

恢复性司法（restorative justice）一词源于美国心理学家艾伯特·艾葛拉西（Albert Eglash），是指修复因偏差与犯罪所造成的损害，犯罪人因其不法行为应承担相应责任，通过赔偿等实际手段来实现平衡社区、被害人与犯罪人之间的和谐关系。② 恢复性司法制度与以往惩罚和改造制度相比，其关注的重点既非对犯罪的惩罚，也不是对罪犯的改造，而是以赔偿犯罪所造成的损害以及争议的和平解决为取向，将被害方视为整个程序的中心人物，

① 尼古拉·塞伦蒂克：《南斯拉夫新刑法概述》，童彦译，群众出版社1985年版，第34页；转引自彭新林、毛永强：《前科消灭的内容与适用范围初探》，载《法学杂志》，2009年第9期，该文系中国法学会部级课题中国特色前科消灭制度研究项目的阶段性成果。

② 张鸿巍：《少年司法通论》，人民出版社2008年版，第320页。

强调让特定犯罪有利害关系的所有当事人都得到满足。在罪错未成年人的犯罪记录被封存之后，被害人的权益保护无疑会引起人们的注意，甚至作为对犯罪记录封存制度进行否定性评价的理由，因为在未成年人犯罪案件中，大部分的被害人也是未成年人，并进而对封存制度实施后的社会公平提出质疑。为此，有必要在少年司法制度中吸收蕴涵在恢复性司法制度中的合理内核，通过让被害人在未成年犯的刑事审判中重拾自尊，减除因被害而造成的经济损失、羞耻以及愤怒，尝试原谅犯罪人，进而恢复心理上的平衡，① 在保障被害人合法权益的基础上实施封存制度，罪错未成年人才能“心安理得”的享受封存犯罪记录所带来的宽恕与保护。

2. 改革相关职业准入制度

在我国的现行立法中，犯罪记录对行业准入的影响十分突出。公务员法第二十四条明确规定，曾因犯罪受过刑事处罚的人不得录用为公务员；律师法第七条规定，除因过失犯罪以外受过刑事处罚的申请人不予颁发律师执业证书；教师法第十四条规定，受到剥夺政治权利或者故意犯罪受到有期徒刑以上刑事处罚的，不能取得教师资格，已经取得教师资格的，丧失教师资格。兵役法第十七条规定，应征公民正在被依法侦查、起诉、审判的或者被判处徒刑、拘役、管制正在服刑的，不征集；拍卖法第十五条规定，因故意犯罪受过刑事处罚的，不得担任拍卖师。上述法律均限制了受过刑事处罚的人从事本行业的资格，犯罪记录封存制度的实施应对相关行业的准入规则加以改革，通过区别不同性质的职业类型逐步减少限缩条件以维护封存制度的权威与实施。

3. 建立专门的未成年人社区矫正制度

社区矫正属于犯罪矫正的一种，《中国劳改学大辞典》将犯罪矫正定义为，通过监禁隔离、教育感化心理治疗和技术培训等措施，使罪犯逐步适应社会生活而进行的活动。② 2005 年 1 月 20 日，最高人民法院、最高人民检察院、公安部、司法部发出《关于扩大社区矫正试点范围的通知》，将社区矫正工作定义为“将罪犯放在社区内，遵循社会管理规律，运用社会工作方法，整合社会资源和力量对罪犯进行教育改造，使其尽快融入社会，从而降低重新犯罪率，促使社会长期稳定与和谐发展的一种非监禁刑罚执行活动。”笔者所在的 G 省 G 市，已在各个社区全面铺开了刑释人员帮教工作。

---

① 卢琦：《中外少年司法制度研究》，中国检察出版社 2008 年版，第 236 页。
② 中国劳改学会：《中国劳改学大辞典》，社会科学文献出版社 1993 年版，第 621 页。

但是，对罪错未成年人的社区矫正应区别于成年人，有其特殊的侧重点，包括学业辅导、就业辅导、职业训练、休闲生活、生涯规划、心理辅导等措施。① 通过社区矫正体系减少罪错未成年人与社会的隔绝程度，加强培养他们的社会适用能力，引导他们建立正确的世界观与价值观，提高其善恶判断能力，有助于实现犯罪记录封存制度的目的。

4. 逐步建立独立少年司法制度

让罪错未成年人在承担了应有的刑罚处罚后，能像其他孩子那样平等、幸福地生活，光靠修改完善一部程序法是远远不够的。法治发达国家一般都制定有独立而完善的少年司法制度，包括少年福利、少年权利保护以及少年案件的处理和违法犯罪少年的矫治。我国也需要突破建立在成年人特征基础上的司法理念和程序框架，对少年的身心特殊性引起足够的重视，探索少年司法制度的基本理念和价值取向，以完善和健全符合我国国情、具备自身特色的少年司法制度体系。② 通过独立的少年司法制度，全方位、综合化保护未成年人合法权益。

结　语

未成年人前科封存制度的实施，并非是对未成年人犯罪的法律事实的"束之高阁"并加以否定，相反是对其已犯罪行的一种承认与正视。诚如古人所言"前事之不忘，后事之师"③，通过承认与正视过往的错误，敦促未成年人改过自新，在国家和社会所给予的宽恕和关爱下直面人生，奋发进取，更好地面对人生的未来。

① 张鸿巍：《少年司法通论》，人民出版社2008年版，第505页。
② 卢琦：《中外少年司法制度研究》，中国检察出版社2008年版，第224页。
③ 参见《战国策·赵策一》。

未成年人刑事司法中社会调查制度之运行困境与出路

——以调查程序启动的强制性为落脚点

张培芹*

论文提要：在未成年人刑事案件中，对未成年人的性格特征、家庭状况、社会交往等背景材料进行社会调查，借此评估未成年被告人的人身危险性，对于法院准确量刑，尤其是判处非监禁刑以及实现个别化矫正都意义重大。我国立法已对社会调查制度进行了相关规定，但在司法实践中该制度并未得到充分运用。高昂的调查成本与巨大的办案压力使得办案机关在案件处理过程中极少启动调查制度。根据立法规定调查报告对案件判决仅具有参考价值，在法律并未规定必须强制调查时，社会调查制度在实践中显然难以摆脱流于形式的"戴着脚镣跳舞"式的自娱自乐的命运。从立法上规定社会调查程序的强制启动，克服规范选择的随意性就成为解决困境的必由之路。为论证该思路之可行性，笔者分别从刑法学、心理学、社会学以及法经济学的角度考量了路径的正当性，并在借鉴外国立法规定的基础上提出了适合我国国情的社会调查程序的强制启动机制，同时设计出相关的配套制度，以期对立法有所裨益。

关键词：未成年人刑事司法　社会调查　强制启动　配套机制

法律如果没有法院来阐说，来界定其真正含义和实际操作，那么将是一纸空文。

——［美］亚历山大·汉密尔顿

---

* 广东省广州市番禺区人民法院书记员。

引 言

社会调查制度，是未成年人刑事司法中一项特有的制度，即对涉嫌刑事犯罪的未成年人，通过调查了解其家庭背景、经济状况、受教育程度、工作经历、性格特征以及违法犯罪记录等情况，全面评价其人身危险性，并以此作出合适的处遇措施，如公安机关选择合适的刑事强制措施、检察机关决定是否批捕，人民法院是否判决缓刑等，为预防和矫正未成年人犯罪提供科学依据。在2012年新刑事诉讼法出台之前，我国并未从立法层面对社会调查制度作出规定，但各地司法实践中早已对该制度进行了探索尝试，也取得了不少成绩，由于没有统一完善的立法规定，实际运行中仍存在诸多问题。新刑事诉讼法虽对社会调查制度以条文形式在立法上确立下来，但由于规定过于简单，操作性不强，且留有较大的随性性，因而依旧未能解决制度运行中遇到的难题。本文即从该制度实践运行中面临的现实困境入手，分析造成该困境的原因并从操作性层面提出合理的解决问题之道。

一、现状检讨：社会调查制度的立法规制与运行现状

（一）社会调查制度之立法规制

目前，世界上许多国家及地区都明确规定了社会调查制度，我国关于社会调查制度的探索起步较晚，最早涉及社会调查的规定是2000年11月15日通过的《最高人民法院关于审理未成年人刑事案件的若干规定》①，该规定第二十一条规定："开庭审理前，控辩双方可以分别就未成年被告人性格特点、家庭情况、社会交往、成长经历以及实施被指控的犯罪前后的表现等情况进行调查，并制作书面材料提交合议庭。必要时，人民法院也可以委托有关社会团体组织就上述情况进行调查或者自行进行调查。"2006年，最高人民检察院也作出类似规定②。但真正确立"社会调查报告"制度的是2010年最高人民法院等六部门联合出台的《关于进一步建立和完善办理未

① 1995年10月27日发布的《公安机关办理未成年人违法犯罪案件的规定》的第十条也提到了对涉嫌违法犯罪的未成年人进行相关成长经历、学习环境、社会交往等背景资料的询问调查，但笔者认为这同制度意义上的社会调查制度还是有一定差距的。

② 《人民检察院办理未成年人刑事案件的规定》第十六条第四款。

成年人刑事案件配套工作体系的若干意见》,① 该意见规定,“公安机关、人民检察院、人民法院、司法行政机关在办理未成年人刑事案件和执行刑罚时,应当综合考虑案件事实和社会调查报告的内容。社会调查由未成年犯罪嫌疑人、被告人户籍所在地或居住地的司法行政机关社区矫正工作部门负责。司法行政机关社区矫正工作部门可联合相关部门开展社会调查,或委托共青团组织以及其他社会组织协助调查。社会调查机关应当对未成年犯罪嫌疑人的性格特点、家庭情况、社会交往、成长经历、是否具备有效监护条件或者社会帮教措施,以及涉嫌犯罪前后表现等情况进行调查,并作出书面报告。对因犯罪嫌疑人不讲真实姓名、住址,身份不明,无法进行社会调查的,社会调查机关应当作出书面说明。”意见首次规定社会调查最终要形成社会调查报告形式,并对调查主体以及调查内容作了明确规定,对未成人刑事案件中社会调查报告的引入以及具体实施提供了依据,但该规定也仅仅是最高人民法院等六部门联合出台的一个意见性文件,并未上升到国家立法层面。立法的缺失“使得许多地方实践中的社会调查制度难于摆脱流于形式的‘戴着脚镣跳舞’式的自娱自乐的命运”②。

2012 年,全国人大对 1996 年刑事诉讼法进行了修订,新刑事诉讼法在辩护制度、侦查监督、证据规制等方面均作出了突破规定,而对社会调查制度的规定则显得颇为简单,该法第二百六十八条规定:“公安机关、人民检察院、人民法院办理未成年人刑事案件,根据情况可以对未成年犯罪嫌疑人、被告人的成长经历、犯罪原因、监护教育等情况进行调查。”该条规定虽对社会调查有所提及,但并未对实践中凸显的问题作出回应,也没有对调查的主体、内容、程序等方面作出具有操作性的规定,对于系统完善的社会调查制度的确立,显得太过单薄。

(二)实证考量之案件统计

为了考察社会调查制度在未成年人刑事案件审判中的运行情况,笔者以 G 省 Z 市中级人民法院以及其下辖的具有代表性 4 个区法院 2007 年 ~2011 年五年来审理的未成年刑事案件为样本,对相关情况进行了统计分析,其结

① 其实早在 1985 年 11 月 29 日,联合国大会通过的《联合国少年司法最低限度标准规则》,即《北京规则》里,就对未成年人案件中的社会调查进行了规定。只是我国适用国际法的惯例往往是先转化为国内法,很少直接引用国际法处理案件。

② 盛长富、郝银钟:《论我国未成年人刑事司法社会调查制度》,载《社会科学家》2012 年第 2 期。

果显示如下：

表一　2007年～2011年对未成年人刑事审判中社会调查制度适用情况

年份	4个区法院			Z市中院		
	受理未成年人刑事案件总数（件）	适用社会调查制度数量（件）	所占比例（%）	受理未成年人刑事案件总数（件）	适用社会调查制度数量（件）	所占比例（%）
2007	760	0	0	306	0	0
2008	840	72	8.6	205	2	0.9
2009	872	68	7.8	233	4	1.7
2010	652	60	9.2	192	6	3.1
2011	568	52	9.1	103	3	2.9

表二　2007年～2011年以来对外地①6未成年刑事被告人适用社会调查制度及心理测评情况②

年份	4个区法院			Z市中院		
	受理未成年人刑事案件总数（件）	外地未成年刑事被告人适用社会调查制度数量（件）	所占比例（%）	受理未成年人刑事案件总数（件）	外地未成年刑事被告人适用心理测评案件数量（件）	所占比例（%）
2007	760	0	0	306	0	0
2008	840	0	0	205	12	5.9
2009	872	0	0	233	15	6.4
2010	652	0	0	192	20	10.4
2011	568	0	0	103	15	14.6

① 此处的外地未成年人刑事被告人是指Z市外的未成年刑事被告人。

② Z市中院对外地未成年被告人均未进行社会调查，而是通过与G省精神卫生研究所、Z市某心理咨询有限公司合作在少年庭成立专门的心理测评室，运用多种形式的心理测评活动为法院的裁判提供科学参考，也为判后对未成年犯进行个性化的矫治提供客观依据。

表三　2007 年～2011 年来 Z 市下辖的 4 个区法院判处非监禁刑及三年以下有期徒刑实刑未成年人再犯情况

年份	Z 市下辖的 4 个区法院					
	被判处非监禁刑未成年刑事被告人人数（人）	被判处非监禁刑未成年人再犯人数（人）	再犯率	被判处三年以下有期徒刑实刑的未成年人数（人）	被判处三年以下有期徒刑实刑的未成年人再犯人数（人）	再犯率
2007	88	0	0	740	40	5.4
2008	28	0	0	584	48	8.2
2009	84	4	4.8	732	44	6.0
2010	188	4	2.1	472	36	7.6
2011	292	8	2.7	216	16	7.4

从上述表格的统计情况来看，可以得出如下结论：第一，不管是市中院还是区法院，在审理未成年人刑事案件过程中，社会调查制度的适用率普遍偏低，均未超过一成；第二，两级法院对外地未成年犯罪被告人基本上均没有适用过社会调查制度，中级法院对外地人引入了心理评估机制，但适用率仍比较低；第三，对三年有期徒刑以下的轻微刑事犯罪，适用非监禁的未成年被告人其再次犯罪的比率小于被判处短期实刑的未成年被告人，而社会调查制度其最重要的功能之一就是为法院判决人身危险性不大的未成年刑事被告人非监禁刑提供参考，因而，可以得出初步结论是，提高刑事审判中对未成年被告人适用社会调查制度，有利于减小其再犯率。

（三）实证考量之问卷调查

为了弄清社会调查制度在司法实践中适用率低的原因以及法官、未成年刑事被告人等对运用该制度的态度，笔者分别对 Z 市法院系统 50 名从事少年刑事审判工作的法官以及 50 名未成年刑事被告人进行了问卷调查，[①] 其

① 50 名法官是笔者在 Z 市两级法院系统从事未成年人刑事审判工作的法官中随机抽取，50 名未成年被告人也是在两级法院审理的未成年刑事案件中随机选取，问卷采取无记名调查的方式，其中法官的 50 份问卷全部有效回收，未成年刑事被告人的问卷发出 50 份，有效回收 47 份。

结果显示如下：

问题一：在您审理未成年人刑事案件过程中未适用社会调查制度的原因是？（可多选）

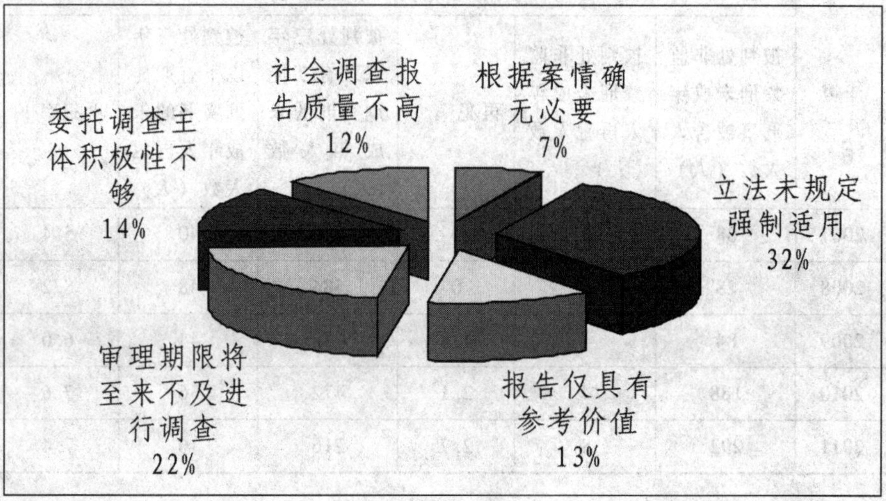

问题二：您对在未成年人刑事案件中引入社会调查制度的看法如何？

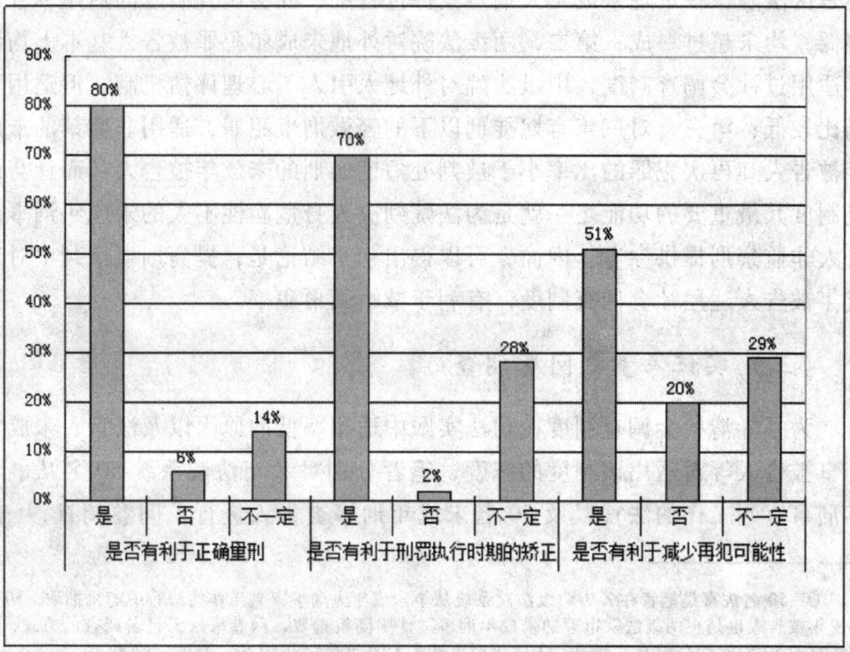

问题三：您希望在案件处理过程中司法机关对您进行社会调查，并将调查报告出示给法院作为量刑参考吗？

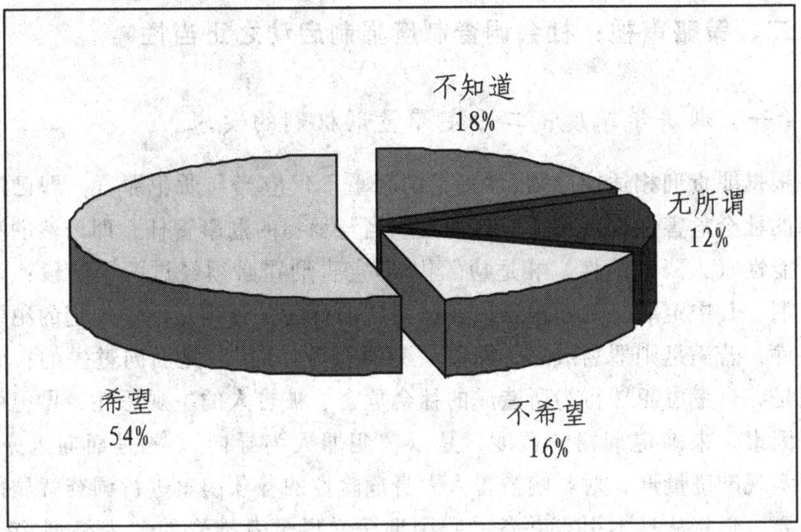

从问卷调查的结果显示，可以得出如下结论：第一，社会调查制度在实践中并未被充分运用到未成年人刑事案件审理过程中去，其主要原因并非是根据案情确实不需要调查，而是立法对此并未作强制适用的规定，而法官在审理过程中往往基于审限紧张，委托调查主体不积极配合、调查报告质量以及报告仅具有参考价值等方面综合考虑，而放弃了社会调查制度的启动；第二，绝大多数法官认为启动社会调查制度有利于对未成年人的正确量刑，同时报告中所显示的被调查人的性格特征、成长经历等跟犯罪密切相关的背景材料，有利于刑罚执行过程的有针对性的矫正，同时减少入狱后交叉感染，减少再犯的可能性；第三，未成年刑事被告人，除部分出于接受调查，其违法犯罪事迹会被亲朋好友知道影响其声誉、面子方面考虑而不愿意适用该制度情况外，大部分人均表示希望进行调查，期待充分考虑其过往表现，准确量刑。

综上观之，社会调查制度在我国的未成年人刑事司法实践中已经基本上确立下来，各地均或多或少在运用该制度，但均运行得不温不火，在针对外地未成年被告人时甚至已基本上名存实亡。要从根本上改变这种情况，必须充分考虑实践中该制度被忽视的原因，建立起社会调查制度的强制启动机制，即明确规定某些情况下未成年人刑事司法中必须对未成年被告人进行社会调查，不经调查不得判处刑罚，以此避免选择性规范带来程序启动的随意性，使社会调查制度的价值在司法实践中能真正得以体现。

二、策略审视：社会调查制度强制启动之正当性

（一）刑法学维度：二元定罪量刑机制的要求

根据罪责刑相适应原则，“刑罚的轻重不仅应当与所犯罪行，即已然的犯罪的社会危害性程度相适应；而且应当与承担的刑事责任，即未然的犯罪的可能性（人身危险性）相适应”。[①] 即宣告刑罚必须经过两个阶段：定罪与量刑。其中定罪是判断被告人业已实施的行为是否满足刑法规定的犯罪构成要件，若满足则罪名成立，即以“犯罪行为导向”，是面向过去的；而量刑则是综合考虑犯罪行为所造成的社会危害、被告人的主观恶性、再犯可能性等因素，来确定刑罚的幅度，是以“犯罪人为导向”，[②] 是面向未来的，为了实现准确量刑，对影响被告人人身危险性的各项因素进行调查就显得尤为必要。近年从日本引入并备受我国刑法学界学者推崇的“人格刑法学理论”，[③] 甚至将对反映人身危险性的“危险性人格”从量刑阶段提升到定罪阶段，并认为未成年犯罪人的人格不同于成年犯罪人的人格，其具有假象性、易变性与被害性，不是真正的不法人格，而通过进行社会调查，并引入人格刑理论，有利于实现对未成年人犯罪圈的合理限缩与刑罚的轻缓化、非刑化，从而彰显对未成年人犯罪人教育为先的保护之福祉。[④]

（二）心理学维度：见习许可期内的合理宽宥

未成年人尤其是14至18周岁期间的未成年人，其正处于人生发展的特殊阶段，该阶段内其生理结构、心理均处于转化期，人格特征尚未固定，容易受到同龄群体的影响，易冲动，关注眼前而非长远的后果。齐姆林（F. E. Zimring）教授将具有这些青春期特性的时期概称为人生发展的“见

---

① 陈兴良：《刑法哲学》，中国政法大学出版社2000年版，第644页。

② Susan N. Herman. The TailThatWagged The Dog: Bifurcated Fact - findingUnderThe Federal Sentencing Guide - linesAnd The Limits of Due Process [J]. South California Law Review, 1992, 66; 289.

③ 该理论提出客观的危害社会的行为与主观的犯罪人格有机结合的一种二元定罪量刑机制，认为犯罪人格是指犯罪人内在的、相对稳定的反社会行为倾向的身心组织，而犯罪行为是犯罪人格的外在表象，依据该模式，虽然存在符合刑法类型的犯罪行为，但若考察到行为人并不具备犯罪危险性人格，那么就不认定为犯罪。

④ 王振：《未成年人犯罪司法解释问题之省思》，载《政法学刊》2011年6期。

习许可期”，认为“在这一人生发展的特殊阶段中，少年只有通过正常的社会实践方能习得长大成人的经验，犯错误是正常现象，虽有一定程度的可归责性，但有着相当程度上的可宽宥性，其正常社会化及人格发展机会是应当尽量予以保全的”。[①] 犯罪学家特里·莫菲特（Terrie Moffitt）也认为，犯罪行为是少年正常生活的一部分，只要罪错少年能够挺过这个阶段，而且他们未来的生活机会没有被终结，那么，他就完全有望发展成为一个有益于社会的公民（至少不是罪犯）。[②] 而国家作为儿童的最高监护人，应出面干预“提供个性化的对待”以保护儿童的福利，因为过大的惩罚及伤害，对未成年人来说既不正当，也不人道，这就要求司法机关必须从有利于教育、矫治，促使其回归社会的角度出发，合理运用社会调查制度，增加未成年人非监禁刑的适用率，而非机械地强调处理结果与犯罪轻重相适应。

（三）社会学维度：标签理论下的多米诺效应

“当一个人没有被明晰地归入某一类别时，公众对他/她的定位通常是非正式的、没有固定模式的”，因而一个违反法律的人可能没有被视为罪犯，然而一旦官方承认这种行为是违法行为，将打乱他的中立性，由此引发的社会不满可能会将那个人隔离在那个角色中，而被贴上标签的个体则会根据该标签角色行事，并很难重新开始正常的生活。[③] 这就是著名的“标签理论”。具体到未成年人刑事司法中，就是尽量避免使其进入刑事司法程序，防止因过早被贴上犯罪标签，增加未成年人回归社会的阻力。根据社会化理论，犯罪是个体与社会以及个体与各种社会化机构在社会化过程中相互作用的结果，[④] 实证刑事法学派代表人物恩利科·菲利认为：“无论哪种犯罪，从最轻微的到最残忍的，都不外乎是犯罪者的心理状态，其所处的自然条件和其出生、生活或工作于其中的社会环境三种因素相互作用的结果”，[⑤] 由此可见，社会因素在一个人犯罪过程中所起作用的不容忽视，为了防止刑事处罚对其产生的多米诺效应，对犯罪行为人的惩治除了查清其自身原因外，还必须充分考虑到社会因素对其犯罪行为所造成的影响，找出其犯罪的真正

---

① 转引自高维检：《少年司法之社会人格调查报告制度论要》，载于《环球法律评论》2010年第3期。

② Scott, The Legal Construction of Childhood at 138.

③ Edward Chase, Schemes and Visions: A SuggestedRevision of Juvenile Sentencing), 51 Tex. L. Rev. 673, 689～690 (1973)。

④ 王东明：《犯罪审前社会调查制度研究》，载《前沿》2011年第24期。

⑤ ［意］菲利：《实证派犯罪学》，郭建安译，中国人民公安大学出版社2004年版，第59页。

原因，如此才能恰如其分地对其实施惩戒，有效地防止再次犯罪，也才能使其以最小的成本回归社会。

（四）法经济学维度：非监禁刑的辐射效益

对在未成年人刑事司法中全面引入社会调查程序的构想，持保留态度的观点是，认为社会调查浪费司法成本，且异地调查在实际操作方面存在诸多困难。对此，笔者认为，在司法成本上升与精确化处遇措施，增加挽救未成年人可能性之间应该毫不迟疑地选择后者。其实“在社会学家眼中，所谓犯罪不过是对社会集体良知的冒犯”①，对犯罪行为进行惩罚，不过是为了维护大部分人的利益而迫不得已让犯罪行为人付出的成本。对未成年被告人实施社会调查，在社会调查报告的支撑下，使更多人获得判处非监禁刑的机会，其本身就是对刑法社会成本的降低，且非监禁刑本身也存在隐性的减少犯罪的效益。美国宾夕法尼亚大学的马汶.E.沃尔夫冈（Marvin E-. Wolfgang）就曾经提出著名的“6%定律”，即不加管教的少年犯有6%会变为累犯，并犯下当地50%的犯罪案件。②“与其等他们成为累犯后延长刑隔离，不如在他们初犯时就给予恰当的处遇。”③从前文案件统计情况来看，适用非监禁刑的未成年被告人，其再犯率明显低于被判处实刑受到交叉感染，并背上犯罪标签的未成年被告人。从这个意义上来看，适用非监禁刑在隐性层面上也降低了犯罪率，减少了国家的刑法成本，而在选择是否适用非监禁刑时，“最完整的与被告人生活和品格相关的信息即使不是法官择刑的必要条件，也高度相关”，④这就需要启动社会调查制度。

三、域外借鉴：国外立法规定及其启示

自19世纪美国伊利诺伊州设立少年法院并最先施行社会调查制度以来，社会调查制度已成为世界各国保护未成年人合法权益的重要少年司法制度之一。国外在多年的立法与司法实践基础上形成了先进的理念以及完善的制度体系，我国在建立社会调查制度的探索阶段，吸收借鉴先进经验显得尤为

---

① 艾佳慧：《刑罚轻缓化的法经济学考察》，载《法律适用》2012年第6期，第16页。

② 皮艺军：《“刑修”有助少年犯走出犯罪怪圈》，载《法制日报》2010年8月31日第10版。

③ 皮艺军：《中国少年司法理念与实践的对接》，载《青少年犯罪问题》2010年第6期，第10页。

④ 转引自曹志勋：《推广社会调查报告的障碍及对策》，载《中国刑事法杂志》2012年第2期。

必要。

（一）外国立法对社会调查制度的规定

1. 社会调查的启动。目前国际上绝大部分国家在未成年人刑事案件中，都强制规定了在判决前必须对未成年被告人进行社会调查。作为少年司法的国际最低限度标准的《北京规则》第16.1条即规定："除涉及轻微违法行为以外的所有案件应当在主管当局做出量刑的最后处理之前，对少年的生活背景、环境或犯罪的条件进行适当地调查，以便主管当局对案件做出明智的判决。"《加拿大青少年刑事司法法》第39条第6款同样规定，判处监禁刑之前，应当考虑量刑前报告以及该少年和其代理律师的量刑建议，除非少年法院认为该报告并不必须，且检察官及少年法院经过该少年或其代理律师同意，方可免除该报告。此外，美国、英国、德国、日本、俄罗斯等国也均有类似规定。

2. 社会调查的进行。对进行社会调查的主体，日本规定由家庭裁判所承担，加拿大由州级官员进行，德国由少年法院的助手、社会工作者进行，并规定，如有可能应委托一位专家对少年展开调查。① 而美国则是通过缓刑官来调查。虽调查主体的具体承担者不尽相同，但专业、中立和独立是共有的特征。在美国，许多州的法律规定，从未成年人被父母、警察、社会机构或者邻居送交法庭开始，就由缓刑监督官进行初步简要的调查，为案件的非正式处理提供依据。缓刑监督官是司法机关的雇员，接受法官委派，独立对被告人进行社会调查，② 一旦未成年人被正式起诉，缓刑官就需要展开进一步的社会调查。关于社会调查开始的时间，《日本少年法》规定的是家庭法院认为应当将少年交付审判时，德国规定的是社会调查在诉讼程序开始后进行，即调查的开始时间不完全相同，但均须在判决作出之前完成。

3. 社会调查的内容。日本法规定，在调查时，务必调查少年、监护人或者有关人员的人格、经历、素质、环境，特别要有效地运用少年鉴别所提供的关于医学、心理学、教育学、社会学以及其他专门知识的鉴定结果。《德国少年法院法》第43条规定，调查内容应当包括被控告少年的生活和家庭状况、成长经历、目前的行为及其他相关事项，以助于判断少年心理、

① 转引自黄河：《少年刑事案件社会调查报告初论——以德国少年司法实践为视角》，载《研究生法学》第26卷第1期，2011年2月。

② 汪贻飞：《论社会调查报告对我国量刑程序改革的借鉴》，载《当代法学》2010年第1期，第51页。

精神和性格上的特点。应当尽可能在调查过程中听取其监护人、法定代理人、学校或职业培训老师的意见。如果上述调查会给少年造成不利后果，尤其是可能导致其失去培训或工作岗位时，可以不听取其意见。虽然各国对社会调查的内容具体项目规定不完全相同，但家庭背景、成长环境、个性特征等反映未成年被告人人格、人身危险性等特征的因素均应是调查的主要内容。

4. 社会调查的效力。社会调查报告在国外的未成年人刑事案件判决中扮演非常重要的角色，尤其是对量刑，特别是判处非监禁刑方面发挥着巨大的作用。英国1970年《治安法院（少年儿童）规则》第10条规定，法院必须考虑有关儿童或少年的平常行为、家庭环境、学校档案和病史的资料，以便对案件作出最符合其利益的处理。在美国，绝大多数案件中法官都采纳了审前调查报告的建议，① 且在成年人刑事审判中，社会调查报告只在量刑阶段发挥作用，而在未成年人刑事案件中，一些成文法和判例认为在案件的裁决阶段也依赖社会调查报告。② 由于美国的定罪与量刑程序分离，社会调查报告中所包含的一些传闻证据、品格证据在定罪程序中可能被排除，而在量刑程序中加以采纳。③

5. 社会调查的监督。社会调查的主体原则上都要接受法庭的质询。在日本，社会调查结束后家庭调查官必须将上述调查结果以"少年调查票"的书面形式报告给家庭法院，同时必须附上自己的处遇意见。原则上，他要出席审判并陈述意见。④ 加拿大量刑前报告一般也要以书面形式提交给少年法院，除非有正当理由且经少年法院同意，才允许州级官员口头向法院陈述。如果少年、代理律师或协助该少年进行诉讼的成年家属及检察官提出申请，少年法院应当通知制作该报告的州级官员出庭接受交叉询问。州级官员可以将其制作的报告的全部或部分内容告知该少年的监护人、监管人或者直接辅助照看、治疗该少年的任何人。⑤

---

① 杨飞雪、杨晓玲：《中美未成年人量刑前程序比较研究与展望——中美未成年人量刑前程序比较研究专题讨论会综述》，载《法律适用》2010年第10期。

② 杨雄：《未成年人刑事案件中社会调查制度的运用》，载《法学论坛》2008年第1期，第27页。

③ ［美］爱伦·豪切斯泰勒·斯黛丽、南希·弗兰克：《美国刑事法院诉讼程序》，陈卫东、徐美君译，中国人民大学出版社2002年版，第574页。

④ 参见尹琳：《日本少年法研究》，中国人民公安大学出版社2005年版，第130~135页。

⑤ 转引自蔡国芹：《加拿大未成年人犯罪量刑制度及其借鉴》，载《青少年犯罪问题》2010年第6期。

（二）国外立法规定对我国立法的启示

纵观各国对社会调查的立法规定，虽然各自在具体的制度设计方面不尽相同，但其中蕴含的内在价值却有相通之处，而这也正是我国在设计社会调查制度时应当努力的方向。

1. 程序启动的强制性。国外均非常重视社会调查制度的运用，将其规定为少年案件的必经程序，“未经调查程序，并提出调查报告，不得宣告刑罚”。[①] 从我国以往的司法实践来看，将社会调查制度规定为可选择性规范，赋予司法主体选择权，在操作层面并不能发挥该制度本来的价值。原因是，作为一项制度，其启动、运行需要花费司法机关的成本，包括调查的人力成本、时间成本以及调查所必须要的交通费用等费用成本，尤其对于被告人为外地人的情况，成本更为突出。而调查报告的结果仅仅具有参考价值，即调查与否对结果影响不是非常明显的情况下，基于办案压力、社会调查的成本付出与显性回报并非完全正相关等因素考虑，放弃启动社会调查程序也就理所当然成为相当一部分司法工作者的选择。为避免这种利益权衡之下，社会调查程序的被放弃，最直接而有效的方法就是立法中规定程序启动的强制性。

2. 制度适用的平等性。国外基于保护未成年人的理念，对未成年人刑事案件中的未成年被告人规定统一适用社会调查制度，不存在因为户籍等原因而导致逃避适用的情况。而我国司法实践中，对于户籍在异地的未成年人会因为调查成本高昂及社区矫正、考察的异地不便性等而导致绝大多数外地未成年被告人无法获得进行社会调查的权利。社会调查制度以保护未成年人权益为出发点，外地未成年人也应毫无例外地获得同样的保护，具体到社会调查制度方面，就是要探索建立异地委托调查机制。

3. 程序推进的严密性。一个好的制度不仅需要有建章立制的宏观规定，还必须有严格的实施细则，这样才能保证制度落到实处。各国立法对社会调查制度的调查主体、调查的程序、开始调查的时间、调查的期限以及调查报告的制作、形式等均有严格的规定，以此来保证调查程序在实践中运行的顺畅。我国在确立社会调查制度时，也需要在社会调查的程序方面，尤其是具体的操作细则上作出严密的规定，以此确保制度得到精密、有效的执行。

① 姚建龙：《长大成人：少年司法制度的建构》，中国人民公安大学出版社 2003 年版，第 224 页。

4. 调查报告的科学性。社会调查报告在各国的刑事司法中，对未成年被告人的量刑甚至是定罪都起到非常重要的作用，部分国家甚至直接将其定性为刑事证据，以此为法官提供定罪量刑的依据。正是基于调查报告的重要性，各国对调查报告的制作过程、内容、报告的书面形式等各方面均作出了非常严格的规定。调查主体大多是具有心理学、社会学、法学等多种知识背景的专家，其给出的分析及量刑建议也必须具有专业性、科学性，并且为保证报告的真实性和科学性，调查主体必要时应该出庭接受质询，调查报告存在问题的，报告制作主体也必须承担相应的责任。

四、路径探索：社会调查制度强制启动之构想

社会调查制度在实现对未成年被告人准确量刑以及个别化矫正方面都发挥着重要作用，国外在多年的司法实践中已探索出一套相对成熟的规则体系，我国在设计该制度时应充分借鉴国外立法，将最大限度保护未成年人合法权益的理念贯穿制度始终，探索出适合我国司法土壤的社会调查制度。

（一）强制启动机制之构建

1. 适用范围。对于可能被判处三年以下有期徒刑、拘役、管制、缓刑的未成年刑事被告人，一律启用社会调查制度，其他未成年刑事案件除非有理由认为确无必要的，也应进行社会调查。社会调查制度的主要功能之一是为未成年被告人适用非监禁刑提供参考依据，因为三年有期徒刑以下刑罚的才可能判处非监禁刑，基于社会调查成本以及调查的必要性考虑，可借鉴部分法院的实践做法，将强制启动的范围限定在可能被判处三年有期徒刑以下刑罚的未成年嫌疑人、被告人，对于可能判处三年有期徒刑以上的可考虑Z市中院的做法，适当引入心理评估机制。

2. 启动主体及时间。公安机关、检察机关以及人民法院在接到未成年人刑事案件后，应当立即委托未成年犯罪嫌疑人、被告人户籍所在地或居住地的司法行政机关对未成年人进行社会调查，司法行政机关可自行开展社会调查，或委托未成年保护组织、共青团组织等其他社会组织协助调查。相对于参与案件办理的公、检、法机关而言，司法行政机关能够保持中立，且由其委托其他社会组织调查，有利于调动社会力量，节约司法成本。

3. 调查内容。社会调查内容可通过表格或问卷形式表现，但必须包括以下内容：个人情况（包括性格特点、兴趣爱好、身体健康状况、智力状况等），家庭情况（家庭结构、是否离异、单亲、家庭成员之间的感情、关

系等），教育情况（在校表现、师生关系等），职业状况（工作性质、工作单位社会交往等），社区状况（社区内成员的评价、社会矫正条件等）以及犯罪行为实施后未成年人的悔罪表现及思想认识等。

4. 调查程序。社会调查必须由两名以上工作人员进行，社会调查员原则上应深入到被调查人的家庭、学校、社区、工作单位等地，通过实地走访家长、老师、邻居、同事以及会见在押的未成年人等方式展开调查，特殊情况下可通过函调的形式获取调查信息。调查应当维护被调查人的隐私，未经合法程序不得将调查结果告知他人。

5. 调查期限。社会调查事项繁多，制作一份客观、公正、翔实的社会调查报告往往需要较长的时间，尤其被调查人是外地人的情况下，所需时间更长，这就对本已紧迫的未成年人案件的审限提出了挑战。根据刑事诉讼法的规定，与其他司法程序时间段相比，侦查时间最充裕，将社会调查程序提前到公安机关立案侦查后就在很大程度上缓解了这一问题。在特殊情况下，经过受案法院的院长审批，可适当延长审限。

6. 监督程序。社会调查员应确保调查报告内容的真实性，调查报告应在开庭前三日让控辩双方知晓，且除不利于未成年人身心健康情况外，调查报告的内容应由法院当庭宣读，未成年被告人、辩护人及公诉人均可对调查报告内容的真实性进行考证，必要时，社会调查员应出庭接受质询。若社会调查员在调查过程中弄虚作假或玩忽职守致使调查报告内容严重失实的，应当追究其行政责任，构成犯罪的，还应追究其刑事责任。

（二）相关配套制度之设计

1. 社会调查异地委托机制。为了实现对外地未成年犯罪嫌疑人、被告人的平等保护，对可能被判处三年有期徒刑以下刑罚的外地未成年人必须同样启动社会调查制度。在目前我国按行政区域划分管理权限的情况下，要实现异地的社会调查，必须借助司法行政机关之间的异地协助机制。江苏、浙江、上海两省一市的司法行政部门曾联合签署《社区服刑人员异地委托管理协议书》，并建立起相应数据交换联网工作平台。社会调查制度可以此为模版，由各省、市的司法行政部门之间利用政治建立起地级市甚至各省份之间的异地协助机制，规定未成年人案件所在地的司法行政机关在接受公安机关、检察院或法院的社会调查委托后，可根据委托机制的细则规定，通过委托调查函件的形式委托未成年人户籍所在地司法行政部门于规定期限内进行调查，接受委托方必须全力配合。调查经费由受委托方承担，委托方应按照每年委托的数量给予对方必要的经费补偿。同级政府应将当地的司法行政机关接受委托完成社会调查的情况纳入到当年的考核体系中，政府方面从中央到地方逐级考核当年协助调查情况，并将其作为考核各级政府绩效的项目之一，以此提高配合协助的积极性和主动性。

2. 定罪量刑二元分离机制下证据属性认定。在我国目前的定罪量刑程序一体化模式下，社会调查报告因其内容反映的情况并非直接与犯罪事实相关，因而无法归入到任何一种证据中，只能作为一种参考材料，这就限制了社会调查报告功能的发挥，也给报告的质证等一系列的程序完善设置了障碍。若借鉴外国立法，对未成年人刑事案件实行定罪程序与量刑程序的分离，在该二元分离的程序模式下，社会调查报告仅作为量刑阶段的考量，其证据地位确立当无异议。而事实上，在我国未成年人刑事审判中，大部分未成年被告人均会做认罪答辩，法官在庭审时相当一部分精力花在挖掘量刑信息方面，“大量有罪答辩的存在，形成了事实上的独立的量刑程序”①。若在此基础上，能建立起真正的具有少年司法特色的我国定罪量刑分离机制，那么，社会调查报告所带来的程序法上的问题便可迎刃而解，将其认定为量刑程序中的品格证据②便名正言顺。

结　语

在未成年人刑事司法中，社会调查制度不像公开审判那样张扬，不像污点消灭制度那样吸引眼球，但它却贯彻未成年人刑事司法始终，是盘活整个未成年人司法制度的关键。其揭示的内容“是少年司法制度得以独立存在并有效实现其价值目标的基本事实依据，应当被视为是少年司法区别于普通刑事司法的根本制度”，因而该制度的完善与否直接关系到一国少年司法制度的现代化程度。少年犯罪是社会问题，少年司法的功能的发挥也必须借助家庭、学校、社会、司法等各方力量才能实现。本文仅就社会调查程序强制启动这一制度从理论构建方面提出了设想，制度的现实运作还需要政府从立法、财政等方面提供相应的政策支持。“一切为了孩子，为了孩子的一切，为了一切孩子”。少年保护任重道远，本文仅作抛砖引玉，系统完善的未成年人司法制度还有待于后来者。

① 曹志勋：《推广社会调查报告的障碍及对策》，载《中国刑事法杂志》2012年第2期。

② 2007年11月16日，上海市长宁区人民法院少年法庭、上海市卢湾区人民检察院未检科制定的《关于未成年人刑事案件适用品格证据的实施办法（试行）》即将社会调查报告认定为品格证据。

“三审合一”的改革与反思

——论少年审判的综合困惑及其消解

刘佳娜*

论文提要： 本文以20世纪80年代我国开始的一场由地方法院司法实践引发的“少年法庭运动”为切入点，简单回顾了少年审判模式的改革历程，揭示了少年审判“三审合一”模式创立的司法背景，并运用实证分析方法，围绕“三审合一”模式的理想设计与运行现状的冲突，从少年审判功能的层面对“三审合一”模式运行现状进行理性反思，并据此提出一些对现行少年审判综合模式优化建构的有益设想。

少年审判综合模式优化建构的着力点在于，如何在既优化少年审判资源配置又减少模式建构阻力的前提下，实现对少年审判综合模式的优化建构。首先，从制度变迁的路径依赖理论出发，分析使制度变迁进入良性循环和优化状态的决定因素。其次，根据这些决定性因素，结合我国少年审判制度的现状和改革需求，进行模式建构的具体路径设计。最后，运用帕累托改进经济学理论，设计保证少年审判基本功能充分发挥的独特程序和机制，实现对少年审判资源和社会资源的优化配置，减轻少年审判“三审合一”的“负担”，实现少年审判“三审合一”向“二审合一”转变，全面、有效保护未成年人的合法权益。

由于少年审判的特殊属性，普通的审判模式难以全面、有效地保护未成年人的合法权益。因而，少年审判模式非刑事化、独立化、社会化已经成为世界少年审判模式改革的趋势。2006年最高人民法院确定18个中级法院为设立未成年人案件（综合）审判庭的试点单位，将涉及未成年人的刑事、

* 湖南省郴州市中级人民法院研究室。

民事、行政案件全部纳入未成年人案件综合审判庭的受案范围，确立了少年审判综合模式（也称少年审判“三审合一”模式）。但在少年司法实践中，“三审合一”模式却是“貌合神离”，尚未发挥少年审判的保护功能。本文以少年法庭改革为切入点，意图通过对“三审合一”模式运行现状的实证考察和对少年审判功能的理论厘清，优化建构我国少年审判综合模式。

一、历史变迁：少年审判的分与合

从少年审判组织改革的历史进程看，少年审判模式改革经历了四个阶段。

（一）序幕：“自下而上”的少年法庭运动

自20世纪80年代起，地方法院的司法实践引发了我国少年审判领域一场声势浩大的“少年法庭运动”。1984年11月，上海市长宁区法院大胆创新，打破固有模式，创立了我国第一个少年刑事案件合议庭，专门审理未成年人刑事案件，标志着我国少年司法制度的诞生。随后，全国各地法院相继效仿并不断突破，设计了不同的模式，进行少年审判组织改革，出现了多种形式的少年审判组织（见表1），使少年审判逐渐从成人审判中分离出来，由此，拉开了少年审判独立化的序幕。

表1　我国少年审判组织改革的基本情况①

时　间	审判组织	基本情况
1984年	少年刑事案件合议庭	由上海市长宁区法院首次创立，被称为“长宁模式”，仍是目前少年审判的主要组织形式，其受案范围为未成年人刑事案件。
1988年	少年刑事案件审判庭	由上海市长宁区法院首次创立，其受案范围为未成年人刑事案件。但在行政上是独立建制的，这是与少年刑事案件合议庭最关键的区别。
1991年	青少年刑事犯罪案件审判庭	由河南省兰考县法院创立，被称为“兰考模式”，其受案范围为被告人或被害人年龄在25岁以下的刑事案件。

① 林常茵：《对我国少年审判机构的回顾与前瞻》，载《人民司法》2001年第12期。

时 间	审判组织	基本情况
1991 年	少年综合案件合议庭	由江苏省常州市天宁区法院首次创立，被称为“天宁模式”，是具有独立建制的少年法庭，其受案范围为涉及未成年人刑事、民事、商事、行政等案件。
1998 年	少年案件指定管辖审判庭	由连云港市新浦、海州两区基层法院开创设立，目前，有的法院在未成年人刑事案件指定管辖，有的法院在尝试未成年人综合性案件的指定管辖。

（二）突破：“三审合一”模式的初步尝试

1991 年 8 月，江苏省常州市天宁区法院突破了少年法庭纯刑事性的特点，把涉及未成年人权益保护的民事、行政、经济案件均纳入了少年法庭的受案范围。① 这是少年审判综合模式（即少年审判“三审合一”模式）的初步尝试。随后，全国一些地方法院纷纷实践，到 1994 年底，仅三年的时间，全国已经设立少年综合庭 249 个，② 掀起了少年审判独立化的高潮。这次初步尝试被学术界和司法界称为是“突破最大”的少年审判模式改革，③ 少年审判独立化程度更高，实现了涉及未成年人民事、刑事、行政等案件审判与成年人案件审判的最大程度的分离。

（三）挑战：少年审判的“内部分裂”

由这场“少年法庭运动”带来的少年审判组织多样性，在 20 世纪 90 年代并未得到广泛认同，而是引起了学术界和司法界对于少年法庭规范化议题的关注。④对传统少年审判模式突破最大的“三审合一”模式，因其是一种地方性尝试，配套机制尚不健全，同时又受制于各地法院审判力量和案件数量的差别，导致各地法院“三审合一”审判模式受案范围不尽统一，被认为是“已经影响到法院内部的审判工作秩序和少年法庭今后的发展”，⑤ 成了少年法庭规范化的重点。同时，曾经积极推行“三审合一”模式改革

---

① 林常茵：《对我国少年审判机构的回顾与前瞻》，载《人民司法》2001 年第 12 期。

② 《全国法院少年法庭工作会议纪要》，载《中华人民共和国最高人民法院公报》1995 年第 3 期。

③④ 姚建龙：《评最高人民法院少年综合庭试点改革》，载《法学》2007 年第 12 期。

⑤ 林常茵：《对我国少年审判机构的回顾与前瞻》，载《人民司法》2001 年第 12 期。

的法院，如上海普陀区人民法院、上海长宁区人民法院，在经过一段时间的试行后，又重新回到单一的少年刑事审判模式。面对来自理论界的质疑和司法实践的回退，在此后的近十年内，关于少年审判“三审合一”模式的探索几乎停滞。

（四）重塑：“自上而下”的综合模式改革

少年法庭的改革之路走得并不顺畅，少年综合审判庭改革停滞的同时，少年刑事审判庭等其他形式的少年法庭也面临着内外交困的窘境。对内，面临着案源不足、队伍不稳定等“生存压力”；对外，来自理论界的批判此起彼伏，批判者认为目前的少年审判模式对未成年人的保护过于狭隘，以未成年人为侵害对象的案件，涉及未成年人婚姻、家庭等民事案件和治安行政、教育行政等行政案件都应纳入少年法庭进行审理。①

面对困境与批判，最高人民法院积极回应。2005 年 10 月发布了《人民法院第二个五年改革纲要》，将“完善审理未成年人刑事案件和涉及未成年人权益保护的民事、行政案件的组织机构”作为人民法院“二五改革”的重要目标。由此，少年审判综合模式再次进入司法界和学术界视野。2006 年，最高人民法院组织召开了“全国部分中级人民法院设立未成年人案件（综合）审判庭试点工作会议”，会议确定了 18 个中级法院为设立未成年人案件（综合）审判庭的试点单位。此次试点改革被称为是“自 1984 年以来少年司法领域的首次最重要和最大规模‘自上而下’的改革”，② 标志着少年审判“三审合一”模式在全国范围内的正式确立。

二、实践困惑：“三审合一”模式的现实冲突

“三审合一”模式改革在推动我国少年司法保护制度进步方面有着重要的意义。但同时，“三审合一”模式改革在实践运行中也遭遇了诸多困境。笔者以我国中部 H 省 C 市“三审合一”模式的运行情况为考察对象，借以窥见“三审合一”模式的运行现状及困境。

---

① 参见周道鸾：《中国少年法庭制度的发展与完善——苏、沪少年法庭制度调查报告》，载《青少年犯罪问题》2007 年第 6 期。

② 《全国法院少年法庭工作会议纪要》，载《中华人民共和国最高人民法院公报》1995 年第 3 期。

（一）模式运行缺乏机构保障

由于我国地区差异，未成年人案件分布不均衡，最高人民法院采取了“保持多种模式并存，实行多元化发展”① 的少年审判模式格局。正是在这种少年审判模式多元化观念的推行下，全国各地法院少年审判模式出现了多元化趋势。以C市为例，该市中级法院依据国家对妇女、儿童并列保护的宪法原则，设立维护妇女儿童合法权益合议庭，将女性犯罪和女性为受害人案件与未成年人案件一并受理管辖，未设立专门的未成年人审判机构。中院管辖11个基层法院，其中，2个基层法院设立了少年综合审判庭，5个基层法院设立了少年刑事案件合议庭，4个基层法院指定专人审理未成年人刑事案件。（见图1）

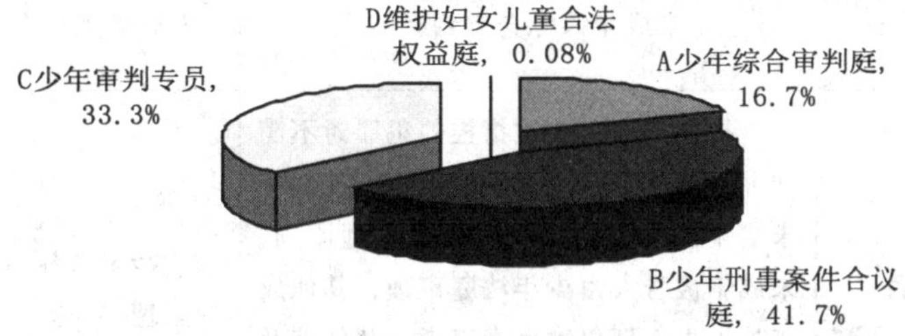

图1　C市两级法院未成年人审判组织结构

由于少年审判机构设置不统一，“三审合一”审判模式仅仅在基层法院层面运行，相对应的中级法院仍实行“三审分立”，导致案件归口不统一，上下级法院关系难理顺，容易形成审判管理、业务指导、培训学习上的真空地带，有关未成年人的帮教、矫正等延伸工作无法继续开展，“三审合一”综合效能未充分发挥。

（二）受案范围缺乏逻辑界定

在“三审合一”模式试行过程中，按照最高人民法院有关少年综合审判庭受案范围的规定和“各试点法院可以根据审判力量和案件数量情况，自行决定少年审判庭受理涉及未成年人案件范围”的指导意见，各地法院忽视未成年人案件的基本特点，生搬硬套最高人民法院的相关规定，导致出

① 沈德咏：《以科学发展观为指导　大力推进中国特色少年司法制度建设和完善》，2006年2月9日在全国第五次少年法庭工作会议上的讲话。

现了各地法院少年综合审判庭受案标准不统一，缺乏内在逻辑性，使少年综合审判庭与刑事庭、民事庭、行政庭等部门受案范围重叠、交叉，甚至产生了法院内部争夺案源的现象。

以C市两个未成年人综合审判庭A和B的受案范围为例（见表2），两个综合审判庭受案范围不统一。综合审判庭A受案范围弹性较大，可以根据未成年人案件的具体情况和法院受理案件的实际情况进行适当调整。综合审判庭B笼统地将所有涉及未成年人的案件均纳入受案范围，割裂了案件的有机联系，无法解决未成年人与成年人共同犯罪、共同侵权案件管辖等问题。

表2　未成年人综合审判庭受案范围之比较

审判机构 受案范围	未成年人综合审判庭A	未成年人综合审判庭B
刑事案件	被告人在实施被指控的犯罪时不满18周岁的案件；其他共同犯罪案件有未成年被告人的，根据分案审理原则，未成年被告人由少年法庭审理，其他成年被告人由刑事庭负责审理；其他涉及未成年人的刑事案件，根据案件实际情况决定。	涉未成年人刑事案件的审理
民事案件	当事人一方或双方为未成年人的民事案件；婚姻家庭纠纷中涉及未成年人权益的案件；继承纠纷案件中涉及未成年人权益的案件；申请指定监护人案件；申请撤销监护人资格案件；涉及到未成年人抚养的离婚案件（根据全院受理民事案件情况可进行适当调整）。	当事人一方或双方为未成年人的民事案件以及涉及未成年人权益的婚姻、家庭案件的审理。
行政案件	当事人一方为未成年人的行政案件	当事人一方或双方为未成年人的行政案件

但是，未成年人综合审判庭A和B受案范围的共同特点是，忽视了“三大诉讼法”之间价值取向的差异，将涉及未成年人的刑事、民事、行政案件均“宽泛化”地纳入其受案范围，不但加重了少年审判的“负担”，而

且分散了少年审判资源，削弱了对未成年人刑事案件的审理，不利于充分发挥少年审判的保护功能。

（三）模式运行缺乏程序保障

目前，由于少年审判资源紧缺，多数未成年人综合审判庭均是运用一套庭审模式、审判组织审理涉及三种不同诉讼的未成年人案件。但是，从诉讼理论的角度，刑事诉讼、民事诉讼、行政诉讼，其诉讼规律、运作原则、法律原则和价值取向都有着明显的区别，案件的审理期限、证明标准等具体规则上也存在诸多差异。以涉及未成年人的刑事审判程序和民事审判程序为例，在民事审判实践中，未成年人的利益容易被忽视，大多数未成年人均由其法定代理人代为诉讼和出庭，因此，目前各地法院均在强化征求未成年人意见的法定程序、法官的释明义务和调查取证职能等程序上下功夫，强调对未成年人合法利益最大限度的保护。而在刑事审判程序中，新刑事诉讼法则强化的是庭前的社会调查、庭审教育等程序，以避免诉讼对未成年人造成“第二次伤害”，并帮助其悔过自新，顺利回归社会。因此，涉及未成年人的民事审判程序和刑事审判程序的侧重点不同，适用的庭审模式、审判组织也理所应当不同。

在现行“三审合一”模式中，将不同渊源、理念和性质的诉讼制度在同一空间内的聚合适用，不但不利于诉讼目的和诉讼价值的实现，而且对审判人员乃至审判辅助人员的综合专业素质也提出了相当高的要求，如果没有相应的程序和机制保障，让曾经常年审理未成年人刑事案件的审判人员，审理涉及未成年人民事、行政案件，不仅比单纯审理刑事案件要额外耗费实践和精力，而且很可能使审理未成年人的民事司法理念和行政司法理念，被刑事司法理念同化，造成对未成年人民事案件、行政案件审判尺度的偏离。

此外，“三审合一”模式尚处于区域性实施的探索阶段，各地法院的做法不尽相同，尤其是我国少年立法起步较晚和司法制度不完善，随后出台的有关未成年人保护的法律规定大多集中在刑事范畴，有关“三审合一”模式的组织机构、审判程序、人员配置、职责范围等一系列保障模式顺畅运行的规则，难以找到直接的法律依据。这些立法的缺位和配套运行规则的缺失在一定程度上也限制了“三审合一”模式优势的发挥。

三、理论厘清：对我国少年审判功能的再认识

按照少年司法模式为标准进行划分，少年审判具有两种基本功能，即保

护功能和惩罚功能。那么，少年审判的首要功能是什么？在回答这个问题之前，有必要首先厘清少年审判基本功能的理论基础，并藉此对我国少年审判综合模式的功能进行重新定位。

（一）少年审判的基本功能及其理论基础

1. 少年审判的保护功能。关于保护功能的涵义，美国学者 Larry J. Siegel 和 Joseph J. Senna 有一个比较形象的说法："对少年违反者进行审判的最重要的目标，是帮助他们回归社会而不是惩罚他们，社会应该将少年违法者看作一个'孩子'，而不是一个'罪犯'。"① 当然，这是一个对保护功能比喻性的阐释，对少年审判保护功能的专业界定，是指通过设计符合未成年人案件特征的保护性审判程序，积极寻找教育切入点，减少诉讼对未成年人的伤害，帮助其顺利回归社会。

西方少年司法制度中少年审判的保护功能的理论基础起源于英美的国家亲权传统，即"国家是所有未成年人的最高监护人"。在"国家亲权"观念的指导之下，法院不再是一般审判中的'不告不理，居中裁判'"的利益无涉者，而是将对未成年人管理、监督、教育、惩治和矫正等方面的权力视为国家应尽的义务。② 在我国，儒家文化中的恤幼思想主张国家、社会、长者对未成年人的健康成长负有不可推卸的责任，这与西方的"国家亲权"理论异曲同工，实为少年审判保护功能之理论基础。

2. 少年审判的惩罚功能。第二次世界大战后，世界范围内少年犯罪持续高涨，少年重复犯罪率极高，少年审判的保护功能开始受到质疑。以美国著名学者戴维、威尔逊等为代表，提出了"如果我们无法依靠改善和教育，我们至少可以在实践中做到公平、合理、人道和和谐"。③在这样的理念导向下，适用于成人司法中的一些基本理念、制度开始引入少年司法制度，少年审判也承担着属于司法性质的司法惩罚功能，强调对社会的安全及受害人的保护与补偿。少年审判的惩罚功能，是指少年审判具有使少年犯正确认知其不法行为后果，并给予少年犯正当刑事惩罚的功能。

惩罚功能的理论基础是报应性司法在审判阶段的具体体现，在对少年犯的惩罚问题上，报应性司法关注的是对犯罪的惩罚，主张限制少年司法机构

---

① Larry J. Siegel and Joseph J. Senna: Juvenile Delinquency, West Publishing Company, P6.
② 赵国玲：《未成年人司法制度改革探究》，北京大学出版社 2011 年版，第 33 页。
③ Clemens Bartollas, Juvenile Justice in Ameruca , New Jersey: Upper Saddle River , 2001, P18。

的自由裁量权，恢复定期刑，强调惩罚的比例性，处罚程序的公正性等。①

3. 少年审判功能之间的相互关系。19世纪美国伊利诺斯州创立世界上第一个少年法庭时就遇到了少年审判制度的“本身难题”，即如何处理保护未成年人利益和保护社会利益之间的矛盾。② 这个“本身难题”也是关系到如何处理少年审判的保护功能与惩罚功能的关系问题。面对这个“本身难题”的处理上，少年审判的功能经历了一个巨大的发展变化的过程，其总的趋势是从最初的强调发挥少年审判的保护功能，逐渐转变为强调少年审判的惩罚功能，使少年儿童接受惩罚，再到强调少年审判功能中的保护与惩罚并重。

虽然从理论上讲，少年审判的保护功能和惩罚功能是有区别且相互独立的两种基本功能。但是随着社会对少年审判的司法需求的变化，少年审判的两种功能不可能完全割裂，而是相互影响、相互渗透的，并按照少年审判理念的选择各有侧重。

（二）少年审判综合模式的功能定位

少年审判模式是否恰当，取决于其自身功能的发挥是否充分。但从“三审合一”模式在实际运行过程中逐渐暴露的弊端和所面临的困境分析，模式运行不畅的根本原因，在于各地法院的模式试行背离了模式改革的初衷，未正确定位“三审合一”模式的功能，导致功利短视行为盛行。在少年综合审判庭试点的试行过程中，多数法院并没有考虑“三审合一”模式对审判程序、机构设置、人员配置、审判延伸工作方面的特殊要求，仅仅是为了稳定案源和增设机构，纷纷申请成立少年综合审判庭，采取“三审合一”模式，导致少年综合审判模式最终沦为部分法院稳定编制和扩充案源的手段，忽视了少年审判基本功能的发挥。

因此，应当对少年审判综合模式的功能进行合理定位，一是在处理少年审判的基本功能关系上，少年审判综合模式应坚持综合模式改革的初衷，强调国家、社会对未成年人的责任，侧重于少年审判保护功能的发挥，实现少年审判从消极审判到积极预防的转变。二是少年审判综合模式保护功能的发挥应当是有界限的。应当坚持“教育为主，惩罚为辅”的原则，以保护功能为主，惩罚功能为辅，合理界定少年审判的保护范围，适当拓展少年审判

---

① Larry J. Siegel and Joseph J. Senna：Juvenile Delinquency，West Publishing Company，P6.

② 储魁植：《刑事一体化与关系刑法论》，北京大学出版社 1997 年版，第 53 页。

工作的延伸功能，不能片面强调审判延伸工作的效果，而越组代庖以司法机关的身份行使行政机关的职权。

四、消解之路：路径依赖视角下综合模式的优化建构

制度变迁的路径依赖，是由美国经济学家道格拉斯·诺思创立。他指出，制度变迁的路径依赖类似于物理学中的惯性，一旦走上了某一条路径，它的既定方向会在以后的发展中得到自我强化，进入良性循环的轨道或者进入“锁定”无效率的状态。他强调，制度变迁的路径依赖产生的原因主要有以下三方面：一是制度改革者的观念，它在制度变迁中起关键作用。二是正式规则，它对制度变迁的作用是连续的、积累的。这里的“正式规则”指的是国家的法律制度、国家政策。三是非正式规则，它对制度变迁的作用更是持久的、沉淀于历史过程中的。这里的“非正式规则”指的是制度的具体运行规则。① 那么，如何确保少年审判综合模式的优化建构进入良性循环轨道呢？笔者认为，可以结合制度变迁的路径依赖产生的原因设计模式建构的具体路径。（见图2）

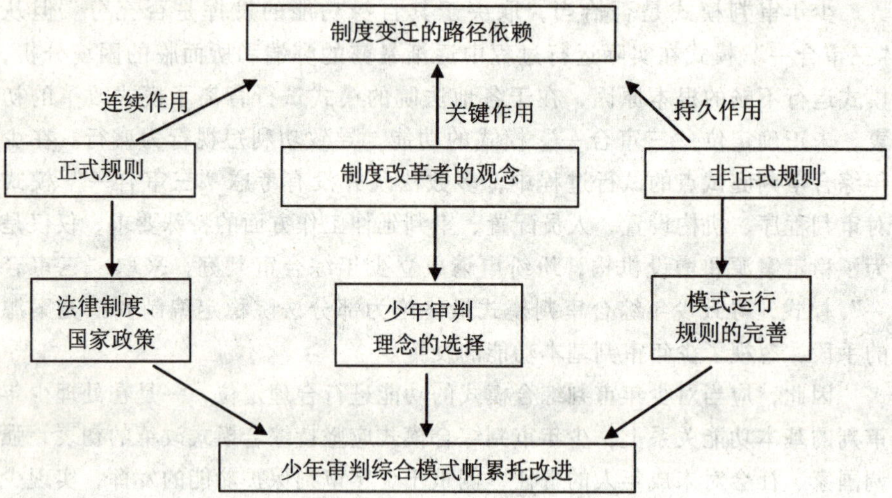

图2　少年审判综合模式优化建构的路径设计

① 参见［美］道格拉斯·诺思：《制度变迁理论纲要》，载《经济学与中国经济改革——北京大学中国经济研究中心经济学前沿系列讲座》，上海人民出版社1995年版，第9页。

（一）少年审判理念的选择

少年审判理念反映的是少年审判制度所追求的价值取向，按照路径依赖理论，它对少年审判制度改革进入制度变迁的良性循环轨道起着关键作用。纵观世界各国少年审判制度，可以发现，少年审判理念已呈现出优化发展的状态，从最初强调“保护理念”① 逐渐转变为强调“责任理念”② 再到“双向保护理念”。

双向保护理念，即双向保护原则，它是指保护社会利益与保护未成年犯罪人的双向保护原则，③ 作为《联合国少年司法最低标准规则》的首要原则，代表了世界少年审判的主导理念。我国是该《规则》的缔约国，有义务执行这一规则。但是，由于我国目前有关未成年人犯罪的相关规定都是直接孕育于普通的刑事司法，必然要实现保护社会这一刑事政策的目的，因此，我国少年审判目前的迫切任务是要加强对未成年人的司法保护。④ 新刑事诉讼法就是最好的证明。该法明确规定对犯罪的未成年人实行教育、感化、挽救的方针，坚持教育为主、惩罚为辅的原则。这意味着办理未成年人案件应当将未成年人利益放在第一位，以“少年权益最大化”为出发点，将重点放在教育、感化、挽救上，使其顺利回归社会。⑤ 可以看出，我国目前少年审判主导理念是坚持“双向保护原则”的前提下以保护理念为主。因此，优化建构少年审判综合模式应当选择这种理念作为制度变迁的价值取向。

（二）少年审判综合模式运行规则的完善

考虑到制度变迁中路径依赖的惯性阻力，笔者认为，应当维持现有的分散立法模式，确立少年审判的“正式规则”。一是应当修正目前诉讼法中关

---

① 所谓“保护理念”，是指将未成年犯罪者和不良行为看作是社会不公和社会弊端的受害者，认为是国家对这些受害者有照料、帮助、矫治并使其最终走上正常生活道路的义务。参见赵国玲：《未成年人司法制度改革探究》，北京大学出版社 2011 年版，第 16 页。

② 所谓“责任理念”，是指未成年人司法制度的主要任务在于使未成年人对其不法行为后果承担认知、消除甚至接受惩罚的责任。参见赵国玲：《未成年人司法制度改革探究》，北京大学出版社 2011 年版，第 29 页。

③ 赵丙贵、路军：《论未成年人犯罪的双向保护原则及贯彻》，载陈兴良、胡云腾主编：《中国刑法学年会文集（2004 年度）第二卷实务问题研究（下册）》，中国人民公安大学出版社 2004 年版，第 695 页。

④ 徐建主：《青少年法学新视野（下）》，中国人民公安大学出版社 2005 年版，第 547 页。

⑤ 宋英辉：《专家解读新刑诉法：特别程序彰显对未成年人特殊保护》，载 http：//news. jcrb. com/jxsw/201204/t20120402_ 836636. html，于 2012 年 6 月 29 日访问。

于未成年人案件的审判程序。新刑事诉讼法为未成年人设置了独立程序，民事诉讼法应当参考该做法，为未成年人民事案件设置独立程序，为少年审判综合模式的运行提供程序保障。二是在人民法院组织法中明确规定少年法庭的组织形式、地位、人员配置等内容，为少年审判综合模式的运行提供机构保障。三是由最高人民法院出台相关文件，对少年审判综合模式的具体运作进行详细的规范，特别是受案范围进行界定。同时，可与公安部、司法部联合出台相关文件，明确公安、法院、司法行政部门、社区等部门在教育回访、社区矫正等延伸工作的职责范围，优化少年审判综合模式外部协作环境。

（三）少年综合模式的帕累托改进

要改变"试点先行"造成的上下级法院审判模式不统一、案件归口不统一、运行失范等混乱状态，实现"由下至上"型推动到"从上至下"型推动的转变，应当对少年综合审判模式进行帕累托改进。帕累托改进是意大利经济学家帕累托提出，它是指在不减少一方的福利时，通过改变现有的资源配置而提高另一方的福利。① 即应当改变目前少年审判资源和社会资源的配置方式，对现有资源进行优化配置，减轻"三审合一"模式的"负担"，实现模式的"双赢效果"。

1. 统一机构设置。中级法院处于地方三级法院中承上启下的地位，加强中级法院未成年人案件审判机构建设，关系到整个法院系统未成年人案件审判机构建设的全局。② 为达到少年审判综合模式的运行效果的最佳状态，应当调整现有少年审判机构的设置方式。在中级法院辖区内，统一未成年人审判机构，充分发挥中级法院在少年法庭工作中的中坚作用，以中级法院的试点改革带动辖区内基层法院的试点改革。具体来说，中级法院设立少年综合审判庭，辖区内凡是符合条件设立少年法庭的基层法院必须设立少年综合审判庭，实现基层法院和中级法院两个层面的机构统一。这样不仅有利于理顺上下级法院在案件归属、业务指导、移送衔接等方面的关系，也有利于帮教、回访等延伸工作的承接转移。

2. 调整受案范围。我国少年审判综合模式改革，"跳跃式"地扩充了受案范围，导致少年综合审判功能的弱化，被批判是"法院内部案件管辖的

① 高鸿业：《西方经济学（微观部分）》，人民大学出版社2001年版，第345页。

② 参见最高人民法院常务副院长沈德咏2006年7月24日在全国部分中级人民法院设立未成年人案件审判庭试点工作会议上的讲话。

调整罢了”。当务之急应围绕“预防、控制少年犯罪”和“最大限度保护未成年人合法权益”的目的，界定宽窄适度的受案范围。笔者认为，应当将目前的“三审合一”向受理未成年人刑事、民事案件的“二审合一”转变。具体从以下三个方面进行调整：

第一，将涉未成年人行政案件排除在少年审判综合模式受案范围之外，符合当前行政法律法规的立法目的和涉未成年人行政案件的特点。从行政法律法规的立法目的分析，它强调的是规范行政机关的行政行为，保护处于弱势地位的行政相对人。笔者从北大法律信息网中收录的全国各地审结的涉及未成年人行政案件分析，主要涉及两类案件，即涉及未成年人治安管理处罚案件和涉及未成年人受教育权的案件。以涉及未成年人治安管理处罚案件为例，治安管理处罚法第十二条、第二十一条规定，对不满14周岁的人违反治安管理的，不予处罚；对已满14周岁不满18周岁的人违反治安管理的，从轻或者减轻处罚；对已满14周岁不满16周岁的，不执行行政拘留处罚；对已满16周岁不满18周岁，初次违反治安管理的，不执行行政拘留处罚。因此，对处于弱势地位的未成年人的保护，已经是行政法律法规的题中之义。同时，未成年人行政案件数量较少（以C市11个基层法院2006~2011年涉未成年人案件收案情况为例，见表3），将未成年人行政案件排除在少年审判综合模式受案范围之外，有利于将有限的审判资源集中在少年刑事、民事审判和帮教、回访等延伸工作上，有利于充分发挥少年审判综合模式的保护功能。

表3　C市11个基层法院2006~2011年涉未成年人案件收案情况

年份	民事	刑事	行政	受理案件总计
2006	241	187	12	440
2007	255	194	14	463
2008	263	192	11	466
2009	242	180	18	440
2010	270	178	16	464
2011	259	184	15	453

注：C市11个基层法院2006年~2011年涉未成年人案件总量相对较小且未成年人行政案件总数较少。

第二，少年审判综合模式民事受案范围不宜过宽，应当将涉及未成年人婚姻、家庭纠纷、侵犯未成年人人身权等影响未成年人成长环境和身心健康等案件纳入受案范围。从民法的立法目的和基本原则分析，民法调整的是平等民事主体之间的财产关系和人身关系，坚持对民事主体的平等保护，强调“当事人在民事活动中的地位平等”。因此，民事审判应坚持公平等价有偿原则，平等地保护各方当事人的合法利益，对涉及未成年人的民事案件一般不强调对未成年人利益的特殊保护。但是，因婚姻的变故、家庭的纠纷，与未成年人的成长及利益息息相关，并且未成年人刑事案件与婚姻、家庭有着天然的密切联系。据不完全统计，在我国部分法院2009年至2011年审理的未成年人犯罪案件中，其中因婚姻、家庭原因引起的，均占80%以上。① 因此，可以将涉及未成年人的婚姻、家庭纠纷纳入受案范围。具体来说，应该将抚养纠纷、监护纠纷、探视权纠纷、亲子关系确认纠纷、收养关系纠纷等纳入受案范围，并将包含财产权成分相对较多的继承纠纷排除在外，以充分发挥少年审判在未成年人身份权方面的保护功能。

此外，对于侵犯未成年人的人身自由权、生命健康权以及姓名权、名誉权、荣誉权、隐私等其他人格权和人格利益等影响未成年人身心健康的案件，也可以纳入民事受案范围，以充分发挥少年审判在未成年人身权方面的保护功能。

第三，将涉及未成年人的刑事案件，包括被害人是未成年人的刑事案件，均纳入刑事受案范围。从刑法立法目的分析，虽然刑法侧重的是打击犯罪以保护社会，但是，少年刑事司法应当延续“恤幼的司法传统”，强调国家对未成年人的保护责任，这既包括对未成年被告人的挽救改造，也包括对未成年被害人的保护。因此，未成年人刑事案件审判的主要保护对象是双重主体，且刑事案件应当成为少年审判综合模式的审理重点。

3. 独特程序设计。从法学视角分析，少年犯罪是一种无视法律存在的违法犯罪行为。用法社会学的视角来看，少年犯罪是一种社会问题，是经济社会转型过程中社会教育、监管的缺失和社会上各种消极因素、不良刺激、恶劣环境等交互作用的结果，社会应当对少年犯罪承担一定的责任。正如日本学者过本义男、过本衣佐所言：“少年非行，应追究社会的责任。”因此，在设计保障少年审判模式有效运行的程序时，应当整合社会资源，充分发挥社会力量全面保护未成年人。

① Larry J. Siegel and Joseph J. Senna: Juvenile Delinquency, West Publishing Company, P412.

第一，在刑事审判程序方面，设置兼职少年审判帮教员。案件宣判后的延伸工作，是体现和巩固少年审判效果的重要阶段。少年审判法官继续承担审判延伸工作，导致法官与教育者或监督者身份的竞合，对于受教育者来说存在心理上的压迫感。[①] 因此，应充分利用社会资源，设置兼职帮教员，共同对未成年犯进行帮教、矫正。可以从学校、教育部门、社区组织、社会志愿者等中选任具有法学、心理学等专业知识和丰富社会经验且热爱未成年人事业的人员，负责开展回访帮教、社区矫正等延伸工作。少年审判法官对兼职帮教员的帮教工作负责指导。这样一来，法院则从延伸工作中的“主角”退位变为“配角”，可以改变目前法院因“案多人少”无力独自承担帮教、回访等延伸工作的局面。

第二，在民事审判程序方面，将调解程序设置为审理未成年人民事纠纷的前置程序。少年审判综合模式受案范围主要涉及未成年人婚姻、家庭、侵权等纠纷，为了减少诉讼对未成年人的伤害，相对于较为严肃的庭审氛围来说，调解更适用于化解此类民事纠纷，将涉及未成年人的民事纠纷化解在庭审外。同时，因女性法官具有缜密、细致、耐心的特点，易于发现家庭、婚姻等纠纷中的细微问题，容易找到案件调解的突破口。因此，应当以女性法官主导调解工作，同时充分发挥街道（乡镇）司法所、村（居）委会、调解委员会等主体的作用，最大限度地维护家庭关系的稳定，消除当事人之间的隔阂，保护未成年人的健康成长。

结　语

少年司法制度改革功在当代、利在千秋。目前，我国少年司法制度改革是以少年审判制度改革为先导，促进和带动少年的侦查、检察、辩护、管教等一系列制度的发展和完善，[②] 因此，少年审判制度的改革具有重要意义。本文对少年审判综合模式的探究仅是初步的，寄希望通过建构符合未成年人案件特点的审判模式，实现对未成年人的司法保护和人文关怀，恐有诸多疏谬，但求抛砖引玉，为推动我国少年司法制度的改革贡献出自己的力量！

---

① 参见秦明华、王列宾：《少年法庭运作机制的完善》，载《人民司法》2010年1期。

② 参见肖扬：《〈少年·和谐社会的希望〉序》，载北京市海淀区人民法院少年法庭编：《少年·和谐社会的希望》，人民法院出版社2006年版，第2页。

【案例评析】

指导案例14号

董某某、宋某某抢劫案

（最高人民法院审判委员会讨论通过　2013年1月31日发布）

关键词　刑事　抢劫罪　未成年人犯罪　禁止令

裁判要点

对判处管制或者宣告缓刑的未成年被告人，可以根据其犯罪的具体情况以及禁止事项与所犯罪行的关联程度，对其适用“禁止令”。对于未成年人因上网诱发犯罪的，可以禁止其在一定期限内进入网吧等特定场所。

相关法条

《中华人民共和国刑法》第七十二条第二款

基本案情

被告人董某某、宋某某（时年17周岁）迷恋网络游戏，平时经常结伴到网吧上网。2010年7月27日11时许，因在网吧上网的网费用完，二被告人即伙同王某（作案时未达刑事责任年龄）到河南省平顶山市红旗街社区健身器材处，持刀对被害人张某和王某某实施抢劫，抢走张某5元现金及手机一部。后将所抢的手机卖掉，所得赃款用于上网。

裁判结果

河南省平顶山市新华区人民法院于2011年5月10日作出（2011）新刑未初字第29号刑事判决，认定被告人董某某、宋某某犯抢劫罪，分别判处有期徒刑二年六个月，缓刑三年，并处罚金人民币1000元。同时禁止董某某和宋某某在36个月内进入网吧、游戏机房等场所。宣判后，二被告人均未上诉，判决已发生法律效力。

裁判理由

法院生效裁判认为：被告人董某某、宋某某以非法占有为目的，以暴力威胁方法劫取他人财物，其行为均已构成抢劫罪。鉴于董某某、宋某某系持刀抢劫；犯罪时不满十八周岁，且均为初犯，到案后认罪悔罪态度较好，宋某某还是在校学生，符合缓刑条件，决定分别判处二被告人有期徒刑二年六个月，缓刑三年。考虑到被告人主要是因上网吧需要网费而诱发了抢劫犯罪；二被告人长期迷恋网络游戏，平时经常结伴到网吧上网，时常彻夜不归，网吧等场所与其犯罪有密切联系；如果将被告人和引发其犯罪的场所相隔离，有利于家长和社区在缓刑期间对其进行有效管教，预防再次犯罪；被告人系未成年人，平时自控能力较差，对其适用禁止令的期限确定为与缓刑考验期相同的三年，有利于其改过自新。因此，依法判决禁止二被告人在缓刑考验期内进入网吧等特定场所。

指导案例14号《董某某、宋某某抢劫案》的理解与参照

最高人民法院研究室案例指导工作办公室*

2013年1月31日，最高人民法院发布了指导案例《董某某、宋某某抢劫案》（指导案例第14号）。为了正确理解和准确参照适用该指导案例，现对其推选经过、裁判要点、需要说明问题等情况予以解释、论证和说明。

一、推选过程及其意义

2012年7月30日，河南省高级人民法院审判委员会经讨论决定向最高人民法院推荐该备选指导案例。最高人民法院案例指导工作办公室研究后，将该案例送最高人民法院刑四庭审查和征求意见。刑四庭审查后认为，该案例针对未成年人犯罪适用了“禁止令”，具有典型性，对类似案件审判有指

---

* 执笔人：李兵。

导意义。2013年1月22日，最高人民法院审判委员会讨论研究认为，该案例符合《最高人民法院关于案例指导工作的规定》第二条的有关要求，具有指导意义，同意将该案例确定为指导案例。1月31日，最高人民法院以法〔2013〕24号文件，将该案例作为第四批指导案例予以发布。

该案例涉及如何适用《中华人民共和国刑法修正案（八）》（以下简称《刑法修正案（八）》）有关禁止令的规定，特别是针对未成年人因到网吧上网而诱发犯罪的如何适用"禁止令"，作出了示范性裁判，有利于指导审判实践正确适用禁止令规定，加强对被判处非监禁刑犯罪分子的有效监管，充分发挥其预防和减少再犯罪、维护社会和谐稳定的作用。

二、裁判要点的理解与说明

该指导案例的裁判要点确认：对判处管制或者宣告缓刑的未成年被告人，可以根据其犯罪的具体情况以及禁止事项与所犯罪行的关联程度，对其适用"禁止令"。对于未成年人因上网诱发的犯罪，可以禁止其在一定期限内进入网吧等特定场所。现对该裁判要点相关的问题做如下说明：

2011年2月25日，第十一届全国人大常委会第十九次会议审议通过了《刑法修正案（八）》。该修正案第一次以修正案的形式对刑法总则进行了修改。其中在对刑法第三十八条和第七十二条的修改中，增加了对判处管制和宣告缓刑的罪犯，"可以根据犯罪情况，同时禁止犯罪分子在执行期间从事特定活动，进入特定区域、场所，接触特定的人"的规定。2011年4月28日，最高人民法院、最高人民检察院、公安部、司法部又专门对禁止令适用问题，印发《关于对判处管制、宣告缓刑的犯罪分子适用禁止令有关问题的规定（试行）》（以下简称《规定》）。"两高"、"两部"有关负责人还就理解和执行《规定》需要把握的主要问题回答了记者提问。根据刑法及《规定》的要求，审判实践中应注意准确理解和把握禁止令的性质、刑法增设禁止令的立法目的以及适用禁止令应当把握的原则等问题。

（一）禁止令的性质

《刑法修正案（八）》公布后，刑法学界和司法实务部门围绕修正案规定的禁止令的性质进行了研讨。有的观点提出，修正案有关可以对判处管制、宣告缓刑的罪犯宣告禁止"从事特定活动"的规定，包含了剥夺罪犯某种资格的内容，特别是《规定》第三条对有关"从事特定活动"的界定，更进一步明确了可以通过实施禁止令，在禁止令执行期间剥夺罪犯从事若干具体民事活动的权利和资格，因此，禁止令是对现行刑法规定的资格刑的进一步拓展和补充，在此基础上未来有可能增设新的资格刑种类。还有观点提出，“禁止令是刑法意义上的保安处分”①，是我国将保安处分纳入刑法典的开端。“两高”、“两部”有关负责人在《规定》答记者问中则明确指出，“禁止令不是一种新的刑罚，而是对管制犯、缓刑犯具体执行监管措施的革新”。② 我们认为，审判实践中对禁止令性质的把握应当以“两高”、“两部”解读的立场和观点为准。关于禁止令的性质，审判中应注意两方面问题：一是禁止令既然不是一种新的刑罚，那么决定对罪犯适用禁止令，除了要考虑其罪行因素外，应当以其人身危险性和在社区矫正过程中再犯罪的可能性等因素作为重点考量依据。二是如果罪犯不服法院作出的禁止令决定，是否允许其就禁止令上诉？或者说对禁止令的实施有没有司法救济的途径？这是与禁止令性质问题密切相关的另一个问题。当下学界相当一部分学者认为，此次新增加的禁止令实际上是保安处分司法化的情形。因此，罪犯可以就法官作出的禁止令提起上诉。而根据“两高”、“两部”的解读，禁止令只是一种监管措施的创新，并未就禁止令能否上诉问题予以明确。鉴于此种情况，笔者认为，对于罪犯不服禁止令决定而提起上诉，考虑到《规定》已经明确将宣告禁止令的内容作为判决的主要事项之一，要求写在判决书的判决内容中；禁止令又是强制罪犯应当履行的法律义务等情况，依据刑事诉讼法第二百一十六条“被告人、自诉人和他们的法定代理人，不服地方各级人民法院第一审的判决、裁定，有权用书状或者口头向上一级人民法院上诉”的规定，可以允许其依法提起上诉。

（二）禁止令的立法目的

此次修改刑法，从贯彻落实宽严相济的刑事政策，完善我国有关从宽处理方面的法律制度，规范非监禁刑适用的角度，根据实践中管制执行和缓刑考验期内加强对社区服刑罪犯管理的实际需要，增加规定了禁止令措施。其立法目的一是维护社会稳定，保护被害人、证人的人身安全；二是帮助适用管制、缓刑的犯罪分子改过自新，防止其再次犯罪。③ “两高”、“两部”有

---

① 张勇：《禁止令：保安处分刑法化的试金石》，载《检察日报》2011年7月18日第3版。

② 《正确适用禁止令相关规定　确保非监禁刑执行效果——最高人民法院、最高人民检察院、公安部、司法部有关负责人就〈关于对判处管制、宣告缓刑的犯罪分子适用禁止令有关问题的规定（试行）〉答记者问》，载《人民法院报》2011年5月4日第3版。

③ 黄太云：《〈中华人民共和国刑法修正案（八）〉的理解与适用》，载《公检法办案指南》2011年第3辑，第13页。

关负责人在就《规定》答记者问中进一步指出："从立法精神看，禁止令的主要目的在于强化对犯罪分子的有效监管，促进其教育矫正、防止其再次危害社会"。① 准确把握增设禁止令的立法目的，对于审判实践中正确执行禁止令规定也具有重要意义。比如法官在确定禁止令时，除了掌握罪犯的犯罪情况外，还要充分了解罪犯的性格特点、一贯表现等情况，以此为据来判断禁止令是否有适用的必要，并同样以此为据确定对矫正该罪犯能切实发挥作用的个性化禁止令内容。

（三）适用禁止令应当把握的原则

一是必要性原则。对被判处管制、宣告缓刑的罪犯不是一律应当同时宣告禁止令。是否宣告禁止令有赖于法官的自由裁量。考虑到禁止令虽然不是刑罚，但对罪犯而言毕竟是增加了带有法律强制性的义务，从刑法的谦抑性原则出发，法官行使这种自由裁量权应非常审慎，非确有必要的情况下不宜采取这项措施。禁止令是加强对罪犯监管的一项措施，只有针对社区矫正中确实有可能再犯罪、有一定人身危险性的罪犯才应当适用。实践中应避免主要依据犯罪分子罪行的客观危害大小来决定是否宣告禁止令，更不能将本不应适用管制、缓刑的犯罪分子降格判决，再适用禁止令进行量刑平衡，从而将禁止令作为一种刑罚的替代措施。

二是合法性原则。《刑法修正案（八）》规定了可以对犯罪分子予以禁止的三种情况，即"从事特定活动，进入特定区域、场所，接触特定的人"。《规定》第三、四、五条又对上述三方面进行了进一步解读和规制。虽然禁止令是对管制和缓刑罪犯监管措施的革新，法官在决定禁止令中享有较大的自由裁量权；禁止令是修正案新增加的规定，审判实践中没有现成的经验做法可资借鉴，禁止令制度还有待于广大刑事法官在审判实践中大胆探索并加以完善。但应予明确的是，禁止令涉及对罪犯人身自由、人身权利的限制，因此，法官在审判实践中应当注意严格执行刑法的规定，不允许超越上述法律和相关规范性文件所确定的范围另外创设新的禁止令内容。

三是针对性原则。禁止令是一项个性化的社区矫正措施，应当针对罪犯本人的情况及其所实施犯罪的具体特点，决定应否对其适用以及如何适用禁止令，注意"对症施治"。针对性原则有两项具体要求：一是应否宣告禁止

① 《正确适用禁止令相关规定　确保非监禁刑执行效果——最高人民法院、最高人民检察院、公安部、司法部有关负责人就〈关于对判处管制、宣告缓刑的犯罪分子适用禁止令有关问题的规定（试行）〉答记者问》，载《人民法院报》2011年5月4日第3版。

令以及禁止令的内容要适应不同罪犯的个体情况和特点，既不应不了解相关情况就草率地做出决定，也要避免做出的禁止令决定“放之四海而皆准”；二是要在规范性文件规定的期限内，决定适应不同罪犯的禁止令执行期限。《刑法修正案（八）》对适用禁止令条件规定的较为原则，即“根据犯罪情况”来宣告禁止令。《规定》则具体列举了属于“犯罪情况”应予考察的几个方面。《规定》第二条规定：“人民法院根据犯罪原因、犯罪性质、犯罪手段、犯罪后的悔罪表现、个人一贯表现等情况”决定适用禁止令，而上述几方面情况与禁止令适用之间的连接点在于“与犯罪分子所犯罪行的关联程度。”只有通过了解、分析这些关联点与犯罪发生的关联程度，才能据此确定应否适用禁止令以及适用何种禁止令，以便通过禁止令的实施，取得特殊预防和矫正罪犯的效果。

比如，《规定》第二条规定了犯罪原因。本案例中被告人董某某和宋某某就是因经常到网吧上网，沉迷于网络游戏不能自拔，为筹集上网费用而实施了抢劫犯罪。经常到网吧上网、沉迷于网络是诱发本案例中未成年人犯罪的直接原因，其与本案中未成年人犯罪有直接的关联。考虑到这两名罪犯一旦判处了缓刑，回归社区后，对其进入网吧行为如果不加以限制，极有可能重新诱发犯罪，本案例在充分考虑了未成年人犯罪原因的因素后，作出了其社区矫正期间禁止进入网吧等场所的禁止令。从以往全国法院判处的未成年人犯罪案件中，抢劫和盗窃罪占全部未成年人犯罪的50%以上；其中因网瘾到网吧上网缺少网费而引发抢劫、盗窃等侵犯财产犯罪的情况又在未成年人抢劫和盗窃犯罪案件中占相当比例。因此，本案例具一定典型性。从作出该项禁止令的法院后续跟踪所了解的情况看，禁止令对约束两名罪犯上网吧的行为，保证其顺利渡过缓刑考验期发挥了良好作用。

又如，《规定》第二条规定了将犯罪性质作为对罪犯适用禁止令应予考察的另一项内容。对此规定不能简单理解为凡是犯罪性质严重的罪犯就一律要对其适用禁止令。犯罪性质是对犯罪分子定罪量刑的一个重要依据，而禁止令的适用主要为了防止再犯罪，因此，应当通过对其犯罪性质的考察，分析其再犯罪可能性大小，如果其再犯罪可能性比较大，就应当适用禁止令。本案例中，未成年人实施的抢劫犯罪属于犯罪性质比较严重的一种侵犯财产犯罪，但这一点并没有作为本案例中对其适用禁止令的主要依据。相反，一些犯罪的性质虽然比较轻，但如果其在社区矫正过程中仍然有再犯罪较大可能的，也应对其适用禁止令。

再如，《规定》第二条规定了犯罪手段也应作为考察事项。该规定要求不仅要考察犯罪手段的恶劣程度，更重要的是要关注其犯罪方法或者手段是否具备重复实施的可能性。实践中某些犯罪的犯罪手段、行为模式因与其日常生产生活密切相关，易于重复实施。最典型的例子就是犯罪分子在从事日常生产经营活动中，掺杂、掺假牟取暴利的犯罪；还有一些犯罪分子掌握证券、贷款、票据、信用卡方面一定的专门知识、技能，他们利用这些知识技能实施了证券犯罪、贷款犯罪、票据犯罪、信用卡犯罪等，如果放任其社区矫正期间的行为而不予有针对性约束，那么他们就极有可能出于某种习惯或者其他原因故技重施、继续从事危害社会的犯罪活动。

最后，《规定》第二条还规定要考察犯罪后的悔罪表现、个人一贯表现。本案例中，通过对未成年人一贯表现的调查发现，罪犯此前有六七年泡网吧的经历，有了一定网瘾；并且此前上网费用来源有时是偷家里的钱物，有时找同学借；家长和学校对他们上网吧的行为长期缺乏有效约束手段。根据上述情况及罪犯自我约束能力差的特点，法院决定对其适用了禁止令。因此，对自制力较差、不对其日常行为有效约束就可能再次犯罪的罪犯，应重点考虑宣告禁止令，以便有效约束其在社区的行为，防止重新犯罪。而对于罪犯悔罪表现好，平时一贯表现也比较好的罪犯，则一般可不对其适用禁止令。

总之，应当在客观了解、全面掌握罪犯的上述情况的前提下，从预防罪犯在社区矫正过程中重新犯罪、维护社会稳定、保护证人和被害人安全的角度出发，对罪犯宣告禁止令。

四是可操作性原则。禁止令作为法律义务，一方面要靠罪犯自觉履行，另一方面也要靠罪犯所在家庭、社区矫正机构的监督，以确保其不成为一纸空文。因此，确定禁止令内容时应充分考虑可操作性。可操作性原则在贯彻落实中主要应注意两方面问题：一是禁止令内容应当符合现阶段我国社区矫正试点工作发展的水平。如果禁止令宣告后，社区矫正机构根本无法或者无力对罪犯是否执行该项禁止令的情况进行有效掌控和监督，那么禁止令的宣告就流于形式，罪犯违反禁止令的情况无法及时知悉，可能影响判决的权威性。当然，人民法院在合理确定禁止令事项前提下，现阶段也应适度参与、积极配合社区矫正工作的开展，协助加强对罪犯执行禁止令情况的监督和管理。特别是对宣告禁止令的未成年罪犯，少年法庭应当坚持多年来行之有效的“向后延伸”工作制度，通过定期或者不定期走访管制或者缓刑罪犯，及时了解其社区矫正的情况和存在问题，帮助社区矫正机构对未成年罪犯的行为进行有效管束和矫正。二是注意不能因为禁止令而影响犯罪分子正常生活以及各项法定权利的行使。①

多年来，各地少年法庭坚持建立和完善对未成年被告人情况的调查报告制度，有的法院还探索通过心理测评的方法，对未成年罪犯人身危险性、再犯罪可能性进行评估，作为是否判处管制或者宣告缓刑、宣告禁止令的辅助参考。这些工作和经验都为未成年人犯罪案件准确适用禁止令打下良好基础，提供了有利条件。

三、其他需要说明的问题

“两高”、“两部”有关负责人在《规定》答记者问中强调指出：“对于有关法律法规已经明确禁止的内容，不能再通过禁止令的形式予以禁止”。例如，根据有关法律规定，任何人均不得吸食毒品，因此，不能作出“禁止吸食毒品”的禁止令；又如，相关法律已经规定，违反道路交通安全法律、法规的规定，发生重大交通事故，构成犯罪的，依法追究刑事责任，并由公安机关交通管理部门吊销机动车驾驶证，因此，对犯有相关罪行被判处管制、宣告缓刑的犯罪分子，也不能作出“禁止驾驶机动车”的禁止令。上述意见主要是考虑到法律法规已经明确对某项行为予以禁止，如果法院再对罪犯宣告禁止该内容，反而容易引起歧义，产生禁止令执行完毕后是否就允许当事人实施类似行为的疑义。因此，审判实践中对此不能再宣告禁止令。有的观点提出，有关未成年人禁止进入网吧的问题，未成年人保护法已经作出了明确规定。根据上述“两高”、“两部”的意见，对未成年罪犯就不应作出禁止进入网吧的禁止令。我们认为，未成年罪犯只要在判决生效时已经成年，就不属于违反未成年人保护法禁止性规定的情形，可以对其作出禁止进入网吧的禁止令。本案例中的两名罪犯在案件审理过程中就已年满十八周岁，因此，可以对其作出禁止进入网吧的禁止令。但需要注意的是，实践中如果遇到判决生效时未成年罪犯仍未满十八周岁的情形，则不宜再行宣告禁止进入网吧的禁止令。

---

① 《正确适用禁止令相关规定　确保非监禁刑执行效果——最高人民法院、最高人民检察院、公安部、司法部有关负责人就〈关于对判处管制、宣告缓刑的犯罪分子适用禁止令有关问题的规定（试行）〉答记者问》，载《人民法院报》2011 年 5 月 4 日第 3 版。

未成年人潘某诉广州市公安局海珠区分局行政行为违法及行政赔偿案[①]

赵　俊*　苗玉红**　王聪颖***

【案情】

原告（上诉人）：李某，女。

原告（上诉人）：潘某，女，系李某不满2周岁的女儿。

法定代理人：李某。

被告（被上诉人）：广州市公安局海珠区分局。

一审法院：广州市海珠区人民法院。

二审法院：广州市中级人民法院。

一、一审情况

（一）一审诉辩主张

原告潘某、李某共同诉称：2013年3月6日，李某在海珠区客村立交附近设摊卖水果，广州市城市管理综合执法局海珠分局（以下简称城管）约七八人要求其不得摆卖，其立刻答应离开，但因行动不够迅速，遭致城管工作人员的谩骂或威胁。李某不服，言词还击，城管工作人员发怒强抢其水果刀、秤等物品，并对其做出扭臂、掐脖等人身强制和伤害，随后报警。被

* 广东省广州市中级人民法院少年审判庭庭长。

** 广东省广州市中级人民法院少年审判庭审判员。

*** 广东省广州市中级人民法院少年审判庭法官助理。

① 一审判决书：广州市海珠区人民法院（2013）穗海法少行初字第1号，合议庭组成人员：审判长：李泳；审判员：刘颖、黄惠玲；二审判决书：广州市中级人民法院（2013）穗中法少行终字第46号，合议庭组成人员：审判长：黄文劲；审判员：赵剑奕、苗玉红。

告接警后到场，既不出示证件，也未听取李某的陈述、申辩，更未进行相关的事实调查，便对李某采取强制措施，并使用约束带对其进行反绑，强制将其拘押至被告所属的赤岗街派出所；同时无视潘某只是一岁半女童、潘某的父亲潘海军与本案无关的事实，将原告一家全部拘押于赤岗街派出所非法拘禁达 24 小时之久。综上，被告的执法无论在程序、实体均存在明显重大违法，给原告一家造成巨大的身体和精神伤害，同时造成一定的经济损失。故诉至法院，并请求判令：1. 确认被告限制两原告人身自由的行政行为违法；2. 被告为原告消除影响，恢复名誉，并在全国性报刊上公开赔礼道歉；3. 被告向两原告赔偿交通费 30 元，向李某赔偿误工费 200 元；4. 被告向两原告赔偿精神抚慰金共计 80000 元（其中向潘某赔偿 50000 元，向李某赔偿 30000 元）；5. 被告承担本案全部诉讼费用。

被告广州市公安局海珠区分局辩称：2013 年 3 月 6 日 15 时许，原告李某在客村牌坊对出路面摆卖水果，城管工作人员前往整治，并要求其离开摆卖地点，其不听城管劝阻，后双方引起纠纷，李某用番石榴砸城管工作人员敖某，敖某上前制止，双方互相推拉，期间城管人员敖某的衣服袖子被李某扯烂，手脚均有轻微伤。在此情况下，城管工作人员报警，后执勤民警到场。民警到场后向城管队员和现场群众简单了解现场情况后口头传唤李某回派出所做进一步调查，但李某无正当理由不接受，民警依法对李某实施强制传唤，将李某带上警车。后李某丈夫到场，其丈夫也拒不配合民警的工作，最后，民警将李某及其丈夫均强制传唤带回派出所。而本案另一原告潘某（李某不满 2 周岁的女儿）因无人照顾，也随其父母一起到派出所。我局认为，在案发当日，民警接到报警后到达现场处置，对涉嫌阻碍执行职务的李某夫妇，根据《中华人民共和国治安管理处罚法》第八十二条、第八十三条的规定，实施强制传唤，并在法律规定的时间内结束传唤，整个过程均依法履行职责。而对于另一原告潘某，因其年幼，需要父母照顾而一同到派出所，公安机关并没有对其限制人身自由。综上所述，我局对原告的执法，事实清楚、证据充分、适用法律准确、程序合法，故不同意原告的诉讼请求，请法院依法予以驳回。

（二）一审事实和证据

广州市海珠区人民法院经公开审理查明：2013 年 3 月 6 日下午，广州市城市管理综合执法局海珠分局的工作人员对辖区内占道乱摆卖行为进行巡查整治，至广州大道南客村立交人行道时，发现李某携带一名幼女（经查，该名幼女为原告李某的女儿潘某，年龄不满两周岁，系本案另一原告）正在占道摆卖番石榴。城管工作人员在劝导其改正违法摆卖行为过程中，李某情绪激动，拿起一个番石榴砸向城管工作人员，在此情况下，城管工作人员冲向李某，并扭李某手臂，按住李某脖子，将其与手推车上的水果刀、铁秤等危险物品隔离开。同时李某脚踢城管工作人员，撕扯其制服，城管工作人员将李某控制住后报警。期间导致大量群众的围观。被告接警后遂派民警黄某勤及治安员伍某刚到场处理。

庭审中，被告确认其民警接警后，因驾驶警车前往事发地点，并身着警服，已足以表明己方身份，故并未向原告出示工作证。此外，因到现场后发现现场人员聚集较多，故向现场群众以及城管询问基本情况后，认为原告李某有阻碍执法的行为，故对其实行口头传唤，遭到其拒绝，后实施强制传唤措施，对原告李某绑上约束带，但遭到李某丈夫的阻碍，并发生肢体冲突，后增派警力将其制服，并将李某夫妇及其随行的女儿潘某一并带回派出所进行处理。因而，未在现场对原告进行询问。

以上事实，有广州市公安局海珠区分局2013年3月6日22时51分至2013年3月6日23时31分对李某的询问笔录、《广东珠江法医临床司法鉴定所司法鉴定意见书》两份、城管拍摄的事发当时的视频资料以及当庭质证证据予以证实。

（三）一审判案理由

海珠区法院经审理认为：由于原告李某未有听从城管工作人员的劝导，自行改正占道乱摆卖的行为，引致现场争执，并导致大量群众围观。被告接警后，到场警员按照规定着装，佩带人民警察标志，根据《中华人民共和国治安管理处罚法》第五十条第一款（二）项“有下列行为之一的，处警告或者二百元以下罚款；情节严重的，处五日以上十日以下拘留，可以并处五百元以下罚款：（二）阻碍国家机关工作人员依法执行职务的”之规定，原告李某与城管工作人员在执法过程中的冲突涉嫌阻碍国家机关工作人员依法执行职务，被告有权进行调查处理。

根据《中华人民共和国治安管理处罚法》第八十二条“需要传唤违反治安管理行为人接受调查的，经公安机关办案部门负责人批准，使用传唤证传唤。对现场发现的违反治安管理行为人，人民警察经出示工作证件，可以口头传唤，但应当在询问笔录中注明。公安机关应当将传唤的原因和依据告知被传唤人。对无正当理由不接受传唤或者逃避传唤的人，可以强制传唤”

及《公安机关办理行政案件程序规定》第五十三条第三款“对无正当理由不接受传唤或者逃避传唤的违反治安管理、消防安全管理、出境入境管理的嫌疑人以及法律规定可以强制传唤的其他违法嫌疑人，经公安派出所、县级以上公安机关办案部门或者出入境边防检查机关负责人批准，可以强制传唤。强制传唤时，可以依法使用手铐、警绳等约束性警械”之规定，被告接警后，现场仍有大量群众驻足观望，造成交通阻滞及一定的社会影响。被告的出警警员采取口头传唤，以便迅速将当事人带离现场，该处理方式既避免李某与城管工作人员再次在公众场合发生矛盾，亦有利于疏散围观群众，结合事发当时的状况，做出该种处理方式并无不妥。后因李某丈夫到场，为找城管“理论”再次引发矛盾，并对劝阻的民警予以推撞，导致接警民警黄某勤及随行治安员伍某刚受轻微伤，被告在增援警力的情况下才未导致事态的非良性蔓延，其依法对原告夫妇予以强制传唤，并辅以约束的行为合法合理。被告依法对原告李某实施传唤后，在法律规定的时间内结束传唤询问，并对李某与城管工作人员之间的纠纷进行了调解，使得双方最终握手言和。

至于原告潘某，其尚未年满两周岁，系无民事行为能力人，生活无法自理，而李某在询问笔录中亦表示在广州无其他亲属代为照顾女儿，故被告将潘某一并带回派出所只是基于其需父母照顾的因素，而非传唤，在此期间被告的警员亦对潘某作了必要的照料。被告对原告李某采取的传唤及措施符合法律法规的规定，程序合法，故两原告主张被告的行为违法限制其人身自由并基于此提出相应的赔偿（包括要求被告消除影响，恢复名誉，在全国性报刊上公开赔礼道歉及向两原告赔偿交通费 30 元、误工费 200 元、精神抚慰金共计 80000 元）均缺乏事实及法律依据，不予采纳。

（四）一审定案结论

广州市海珠区人民法院依据《最高人民法院关于执行〈中华人民共和国行政诉讼法〉若干问题的解释》第五十六条（四）项的规定，判决驳回原告潘某、李某的诉讼请求。本案受理费 50 元，由原告潘某、李某共同负担。

二、二审情况

（一）审诉辩主张

宣判后，被告李某、潘某不服一审判决，向广州市中级人民法院提出上诉。其在上诉状中称：一、广州市公安局海珠分局口头传唤李某违反法定程序，强制传唤上诉人李某严重违法。根据《中华人民共和国治安管理处罚法》第八十二条的规定，李某并非在现场被发现的违反治安管理的行为嫌疑人，广州市公安局海珠分局警员系接城管报警到场，且不出示工作证件，依法不应口头传唤而需传唤证传唤。广州市公安局海珠分局警员只简单询问城管而不询问李某便对其口头传唤，对城管的抢刀、威胁、辱骂、人身伤害李某的劣行不闻不问，偏袒城管、倾向性执法非常明显。其非正常执法方式自然会引发李某的强烈不安和抵触，因其抵触而强制传唤系错上加错。二、广州市公安局海珠分局警员反绑上诉人李某使用的约束带是非法的酷刑工具，以酷刑手段强制传唤李某远超强制传唤的正常力度，而在李某的女儿面前反绑其，更属情节恶劣，相关责任人已构成非法拘禁罪。三、李某的丈夫潘海军并无与广州市公安局海珠分局警员发生肢体冲突，广州市公安局海珠分局系在捏造证据。即使潘海军与警员确有肢体冲突，也是警员违法在先，潘海军并无过错。即使确有必要传唤上诉人李某夫妻，广州市公安局海珠分局也应迅速查明相关案情，尽快释放潘海军照料上诉人潘某，而不是将强制传唤拖足法定最长的24小时。四、原判认定广州市公安局海珠区分局警员非法将潘某一起带回派出所的行为并非限制潘某的人身自由，而是为了对其照顾，不但违背了《儿童权利公约》等相关法律规定，也认可了为制裁所谓违法犯罪行为而伤害他人合法权益的错误做法。在广州市公安局海珠分局不能举证证明的情况下就认定其对潘某进行了适当照料，显然违背了有关举证的法律规定。广州市公安局海珠区分局警员将潘某及其父母一起带回派出所，与吸毒、打架者不分男女羁押于一室，事实上构成对潘某的非法拘禁。五、广州市公安局海珠区分局强制传唤潘某一家人24小时非法。《中华人民共和国治安管理处罚法》第八十三条规定，对违反治安管理行为人，公安机关传唤后应当及时询问查证，询问查证的时间不得超过8小时；情况复杂，依照本法规定可能适用行政拘留处罚的，询问查证的时间不得超过24小时。就本案而言，案情并不复杂，即使被上诉人前面执法无误，由于城管有执法视频，被上诉人花十几分钟即可清楚了解案情，判定是非，最多应在8小时内释放上诉人一家，却用足法定最长询问时间24小时，显然是非法拘禁。据此，请求：1. 依法改判，确认被广州市公安局海珠区分局限制李某、潘某人身自由的行政行为违法；2. 判令广州市公安局海珠区分局为李某、潘某消除影响，恢复名誉，并在全国性报刊上公开赔礼道歉；3. 判令广州市公安局海珠区分局向李某、潘某赔偿交通费共计30元，误工费200

元；4. 判令广州市公安局海珠区分局向李某、潘某赔偿精神抚慰金共计80000元（潘某50000元，李某30000元）。

广州市公安局海珠区分局答辩称：同意原审判决。

（二）二审事实和证据

广州市中级人民法院经审理，确认一审法院认定的事实和证据。另查明，李某2013年3月6日17时开始接受传唤，2013年3月7日15时30分结束传唤，询问查证时间为22小时30分。广州市公安局海珠区分局将潘某带回派出所后，将潘某与李某一起安置在羁押场所。

（三）二审判案理由

广州市中级人民法院认为，广州市公安局海珠区分局接到城管工作人员报警后派出民警至广州大道南客村立交附近人行道处警，发现现场有大量群众聚集，城管工作人员的衣袖被扯烂，民警认为李某的行为涉嫌阻碍城管工作人员执行职务，遂口头传唤李某，因李某不予配合，强制传唤其至派出所接受调查，该行为符合《中华人民共和国治安管理处罚法》的有关规定，依法有据，应予支持。民警虽未出示工作证件，但民警是接到报警后赶至现场的，身份明确，而且李某抗拒执法的违法事实清楚，为疏散围观群众，防止事态进一步恶化，民警的上述行为在当时的情境下亦属合理。

公安机关在查处违反治安管理案件时，需要向当事人询问和查证，将涉嫌违反治安管理行为人传唤至派出所接受询问和查证，是公安机关办理治安案件的一种方式，涉嫌违反治安管理行为人经调查最终未被行政处罚不能否定公安机关传唤行为的合法性。李某接受询问查证的时间为22小时30分，没有超过《中华人民共和国治安管理处罚法》第八十三条“对违反治安管理行为人，公安机关传唤后应当及时询问查证，询问查证的时间不得超过八小时；情况复杂，依照本法规定可能适用行政拘留处罚的，询问查证的时间不得超过二十四小时”的法律规定，虽然上诉人李某最终未被行政拘留，但并不能以此推断出其接受询问查证的时间仅适用“不得超过八小时”这一规定。

潘某年龄幼小，其父母均被强制传唤至派出所接受调查，在广州又无其他亲属暂时照顾潘某，故广州市公安局海珠区分局出于人身安全考虑，将潘某与其父母一并带回派出所安置，是符合实际情况的。但被广州市公安局海珠区分局将潘某带回派出所后，将其与李某一起安置在羁押场所长达22小时30分，该行为不符合《中华人民共和国未成年人保护法》第五十条“公安机关、人民检察院、人民法院以及司法行政部门，应当依法履行职责，在司法活动中保护未成年人的合法权益”的法律规定，给潘某的精神造成了一定损害，依法应予赔偿。结合本案的实际情况，法院酌定广州市公安局海珠区分局赔偿上诉人潘某精神损害抚慰金5000元。潘某要求广州市公安局海珠区分局向潘某赔偿精神损害抚慰金50000元，数额过高，不予支持。潘某要求广州市公安局海珠区分局消除影响、恢复名誉、在全国性报刊上公开赔礼道歉等诉求，理据不足，均不予支持。

（四）二审定案结论

广州市中级人民法院依照《中华人民共和国行政诉讼法》第六十一条第（二）项、《中华人民共和国治安管理处罚法》第八十二条、第八十三条、《中华人民共和国国家赔偿法》第三十五条、《中华人民共和国未成年人保护法》第五十条之规定，判决：

一、撤销广州市海珠区人民法院（2013）穗海法少行初字第1号行政判决；

二、确认广州市公安局海珠区分局将潘某安置在羁押场所22小时30分的行为违法；

三、自本判决发生法律效力之次日起十日内，广州市公安局海珠区分局赔偿潘某精神损害抚慰金5000元；

四、驳回李某、潘某的其他诉讼请求。

一、二审受理费各50元，共计100元，均由广州市公安局海珠区分局负担。

【评析】

本案有以下三个问题值得探讨。

一、没有出示工作证的口头传唤行为是否当然程序违法

传唤是司法机关通知诉讼当事人于指定的时间、地点到案所采取的一种措施。传唤分为刑事传唤和治安传唤两种情况。关于治安传唤，《中华人民共和国治安管理处罚法》第八十二条第一款规定：“需要传唤违反治安管理行为人接受调查的，经公安机关办案部门负责人批准，使用传唤证传唤。对现场发现的违反治安管理行为人，人民警察经出示工作证件，可以口头传

唤，但应当在询问笔录中注明。”《公安机关办理行政案件程序规定》第五十三条第一款规定：“需要传唤违法嫌疑人接受调查的，经公安派出所、县级以上公安机关办案部门或者出入境边防检查机关负责人批准，使用传唤证传唤。对现场发现的违法嫌疑人，人民警察经出示工作证件，可以口头传唤，并在询问笔录中注明违法嫌疑人到案经过、到案时间和离开时间。”根据上述规定可以看出，公安机关行使口头传唤的前提条件是出示工作证件。

对于公安机关行使口头传唤没有出示工作证件的行为怎么认定呢？主要有两种观点：一种观点当然认为程序违法，一种观点认为要考虑实际情况，不排除程序瑕疵。

笔者赞同第二种观点，根据法律的规定，治安传唤是公安机关受理报案、控告、举报、投案后，认为当事人的行为属于违反治安管理行为的一种调查手段。传唤的行使具有严格的程序要求，一般情况下需要使用传唤证才能传唤，而且有报批手续。口头传唤只有在特殊情形下才能行使，是在突发性的临时状况下，来不及经过报批程序取得传唤证的一种例外情形，行使口头传唤需要出示工作证并制作笔录记录。那么出示工作证的意义到底是什么呢？笔者认为工作证是执法人员身份的象征，出示工作证的行为实际上是一种告知行为，用于向当事人释明权力行使的合法性，是对被传唤人合法权益的一种保护。那么，当执法人员的身份可以确认时，实际是在当事人心中已经形成内心确信，明确对其采取传唤行为的人员是具有相应资格的执法人员，实际上此时告知、释明行为已经达成，所以在该种情形下执法人员未出示工作证的行为并不当然违背立法本意，应视为程序瑕疵，而并不构成程序违法。但笔者建议，实践中，公安机关在口头传唤的过程中虽开警车、着警服已示明身份，但对出示工作证这一前提应谨慎注意，力求程序完善，执法规范。

二、传唤的合法性是否是强制传唤的前提条件

《中华人民共和国治安管理处罚法》第八十二条第二款规定：“公安机关应当将传唤的原因和依据告知被传唤人。对无正当理由不接受传唤或者逃避传唤的人，可以强制传唤。”《公安机关办理行政案件程序规定》第五十三条第三款规定：“对无正当理由不接受传唤或者逃避传唤的违反治安管理、消防安全管理、出境入境管理的嫌疑人以及法律规定可以强制传唤的其他违法嫌疑人，经公安派出所、县级以上公安机关办案部门或者出入境边防检查机关负责人批准，可以强制传唤。强制传唤时，可以依法使用手铐、警

绳等约束性警械。”根据上述规定可以看出，当被传唤人无正当理由不接受传唤或者逃避传唤时，才可对其强制传唤。由此可见对被传唤人适用强制传唤的条件有二：一是无正当理由不接受传唤，二是无正当理由逃避传唤。立法的本意赋予当事人申辩的权利，换言之，如果当事人有正当理由不接受传唤，就不能对其进行强制传唤。当事人对传唤行为合法性的质疑是属于正当理由的一种，但质疑必须于法有据，比如行使传唤证传唤没有出示传唤证，行使口头传唤没有表明执法人员身份等等，故笔者认为传唤行为的合法性是适用强制传唤的前提。

三、将年幼未成年人随父母一同安置在羁押场所的行为如何定性

《中华人民共和国治安管理处罚法》第八十三条第一款规定：“对违反治安管理行为人，公安机关传唤后应当及时询问查证，询问查证的时间不得超过八小时，情况复杂，依照本法规定可能适用行政拘留处罚的，询问查证的时间不得超过二十四小时。”《公安机关办理行政案件程序规定》第五十五条规定：“对被传唤的违法嫌疑人，应当及时询问查证，询问查证的时间不得超过八小时；案情复杂，违法行为依法可能适用行政拘留处罚的，询问查证的时间不得超过二十四小时。不得以连续传唤的形式变相拘禁违法嫌疑人。”根据上述规定，被传唤到派出所接受调查的，询问的时间一般应是8小时，特殊情形下才适用24小时的规定。本条规定适用的对象是成年人。

本案中，民警对李某夫妇进行强制传唤，其在广州没有其他亲属，其不满两周岁的小孩无人照顾，出于小孩安全性考虑，民警将其一并带回派出所，符合实际情况。但民警将其随父母一同安置在羁押场所，羁押场所同时也关押着其他违法嫌疑人，事实上也属于限制了未成年人的人身自由，是违法行为。

我国一向重视少年儿童权利的法律保护。我国是《儿童权利公约》的缔约国，联合国《儿童权利公约》和其他国际法律文件，都对儿童在诉讼活动中的权利和权益保护问题作了规定。联合国《儿童权利公约》第三十七条规定，缔约国应确保“任何儿童不受酷刑或其他形式的残忍、不人道或有辱人格的待遇或处罚”；“对儿童的逮捕、拘留或监禁应符合法律规定并仅应作为最后手段，期限应为最短的适当时间”；“所有被剥夺自由的儿童应受到人道待遇，其人格固有尊严应受尊重。被剥夺自由的儿童应与成人隔开，除非认为反之最有利于儿童”；“所有被剥夺自由的儿童均有权获得

法律及其他适当援助”等等。《儿童权利公约》第四条要求：“缔约国应采取一切适当的立法，行政和其他措施以实现本公约所确认的权利。”

我国在宪法和其他法律、法规中都有大量的关于儿童权利保护的规定。《中华人民共和国宪法》第四十六条第二款规定“国家培养青年、少年、儿童在品德、智力、体质等方面全面发展。”《中华人民共和国未成年人保护法》第一条规定：“为了保护未成年人的身心健康，保障未成年人的合法权益，促进未成年人在品德、智力、体质等方面全面发展，把他们培养成为有理想、有道德、有文化、有纪律的社会主义事业接班人，根据宪法，制定本法。”我国法律对儿童权利的法律保护的基本原则有：儿童优先原则、照顾儿童身心发展特点的原则、公平和平等的原则、成年人义务原则、全面保护原则、一般保护与特殊保护相结合的原则、从实际国情出发和儿童实际需要确定法律保护的原则、国内法与国际法相衔接的原则。我国对儿童权利法律保护的主要内容涉及儿童的生存权、健康权、姓名权、肖像权、国籍权、名誉权、荣誉权、智力成果权、受教育权、抚养权和继承遗产权、劳动权、儿童的司法保护权。《中华人民共和国未成年人保护法》第五十条规定“公安机关、人民检察院、人民法院以及司法行政部门，应当依法履行职责，在司法活动中保护未成年人的合法权益”。本案中，公安机关的执法行为以及工作方法过于简单，实际上其应优先处理该案，对本案这种携带幼儿到派出所接受调查的特殊情形，被上诉人应当给予更多的关注，应当从有利于保护未成年人合法权益的角度办理案件。

未成年受害人因自己原因引发的损害应由谁买单

——过失相抵原则在未成年人受害案件中的适用

张文辉*

【裁判要旨】未成年人在学校被其他未成年人致伤，且自己有过错的，应合理划分主体责任，谨慎适用过失相抵原则，以公平合理分担未成年受害者的损失。

【案情】①

原告周某某。

法定代理人周某一、杨某某。

被告娄某某。

法定代理人娄某一、秦某某。

被告娄某一、秦某某、东阿县某联校。

原告诉称，原告周某某与被告娄某某同是被告东阿县某联校四年级在校生，于2013年4月11日下午上课前，原告与被告娄某某玩耍时，被告娄某某由于用力过大把周某某推倒在地，致原告受伤，疼痛难忍。伤后被告学校教师仅通知原告家属，但并未及时送原告前往医院住院治疗。无奈，原告在其家人的陪同下，先后到东阿县某镇中心卫生院、县中医院、县人民医院检查治疗。治疗期间，被告下属小学校长和班主任前往原告家中看望，并承诺由学校负责处理此事，但事发至今已数月有余，此事一直得不到处理，为维

* 山东省东阿县人民法院。

① 案号：（2013）东少民初字第15号。

护自身合法权益，现依法诉至法院，请法院依法判令被告承担医疗费、护理费、鉴定费、残疾赔偿金和交通费约计3万元，具体赔偿项目及数额为：医疗费460.4元，残疾赔偿金9446元/年×20年×10%=18892元，护理费90.05元/日×84日=7564.2元，鉴定费1300元，精神损害抚慰金2000元，共计30216.6元，因被告娄某某、娄某一、秦某某已支付原告医疗费2000元，应予以扣除，庭审时原告将诉求数额变更为28216.6元；诉讼费用由被告承担。

被告娄某某、娄某一、秦某某经传票传唤无正当理由拒不到庭，亦未提供答辩状。

被告东阿县某联校辩称：一是东阿县某联校了解事发当时在场的学生，得知事发经过是2013年4月11日下午大约1点半，被告娄某某在和几个同学安排自行车时，原告周某某故意找娄某某的事，几次扒掉娄某某的裤子，惹怒了娄某某，因此双方发生扭打，致原告周某某受到伤害，可见原告自身存在过错，对其损害后果应该承担责任；二是原告周某某受伤后，原告的班主任及时通知其家属，并由其家属带其进行了治疗。在治疗期间，东阿县某联校安排人员到原告家中看望原告，还安排学生和老师到原告家中给其补课；三是就原告医疗费问题，东阿县某联校多次找被告娄某某的父母做调解工作，娄某某的父母共支付了2000元的医疗费，后因双方分歧过大，调解无果，东阿县某联校对原告尽到了应尽的义务和责任，对其损害不应承担赔偿责任；四是原告要求的精神损害抚慰金过高，综上应驳回原告对东阿县某联校的诉求。

东阿县人民法院经审理查明：原告周某某与被告娄某某同是被告东阿县某联校四年级在校生。2013年4月11日下午大约1点半，根据学校的安排，被告娄某某和几个同学在排自行车时，原告周某某故意找娄某某的事，去扒娄某某的裤子，惹急了娄某某，娄某某便去追周某某，追上后周某某抱住娄某某，后由于娄某某用力过大使周某某倒在地上受伤。周某某受伤后，其同学告诉在校门口的值班老师张某某，张某某老师到场后接着电话通知了周某某的家长，由周某某的家长带周某某先后在东阿县某镇中心卫生院、东阿县第五人民医院、东阿县人民医院治疗。2013年6月28日聊城诺特锐司法鉴定所出具聊诺司法鉴定所［2013］临鉴字第114号鉴定意见为：周某某之损伤伤残程度为十级；伤后84天内需陪护人员1名。事发后，被告娄某某的父母共支付原告周某某医疗费2000元。

另查明，根据学校的规定，学生排车子是轮流值日，当时应有两名值班老师在场，但事发时被告东阿县某联校未安排人员现场值班管理，仅有一名值班老师张某某在校门口，学校里面没有其他老师维持秩序。

【审判】

山东省东阿县人民法院经审理认为：原告周某某系限制民事行为能力人，对其行为的性质和后果有一定的认识能力，根据审理查明的事实，原告周某某受伤有其自身的原因，原告周某某应对自己受伤的后果承担相应的责任。被告娄某某用力将周某某摔倒在地的行为与周某某受伤的结果存在因果关系，根据《中华人民共和国侵权责任法》第二条“侵害民事权益，应当依照本法承担侵权责任”之规定，被告娄某某应承担侵权责任。根据《中华人民共和国侵权责任法》第三十二条“无民事行为能力人、限制民事行为能力人造成他人损害的，由监护人承担侵权责任”之规定，因被告娄某某为限制民事行为能力人，被告娄某一、秦某某作为被告娄某某的监护人应承担相应的侵权责任。

原告周某某和被告娄某某均为限制民事行为能力人，在学校期间，被告东阿县某联校对周某某和娄某某负有教育、管理职责。根据《中华人民共和国侵权责任法》第三十九条“限制民事行为能力人在学校或者其他教育机构学习、生活期间受到人身损害，学校或者其他教育机构未尽到教育、管理职责的，应当承担责任”之规定，被告东阿县某联校认可事发时没有值班老师或管理人员在场进行管理，可见被告东阿县某联校未尽到管理和保护义务，存在过错，对原告周某某的损害后果应承担相应的赔偿责任。

根据《中华人民共和国侵权责任法》第二十六条“被侵权人对损害的发生也有过错的，可以减轻侵权人的责任”之规定，因本案原告周某某对自身的损害后果也有过错，可以减轻被告娄某一、秦某某的责任，另结合原被告对于本事故发生的过错程度和原因力大小，本院酌定被告东阿县某联校承担原告周某某总损失的30%，被告娄某一、秦某某承担原告周某某总损失的50%，剩余20%由原告周某某自行承担。原告周某某左胫骨骨折，损伤程度为十级，伤后84内需陪护人员1名，对原告的正常生活、学习造成诸多不便，其精神痛苦和精神权益受损客观存在，故原告主张的精神损害抚慰金，本院予以支持，但具体数额考虑原被告双方的过错等因素，酌情确定精神损害抚慰金为1000元。

根据本院对证据的分析认证，认定原告的具体损失为医疗费：460.4元，残疾赔偿金：9446元/年×20×10%=18892元，护理费：90.05元/日×84日=7564.2元，鉴定费：1300元，精神损害抚慰金：1000元，共计29216.6元。根据责任承担比例，被告娄某一、秦某某应赔偿14608.3元，扣除已赔付2000元，尚欠12608.3元；被告东阿县某联校应赔偿8764.98元。

【评析】

一、原告是否应对自身受伤的结果负责

（一）原告行为与其受伤的结果是否存在因果关系

现代侵权法以自己责任为一般原则，该原则的核心为行为人对且仅对自己行为所造成的损害结果负责，其基本要求之一就是侵权责任的成立必须以行为与结果之间存在因果关系为前提，因此，在我国民事侵权责任中因果关系的认定就显得尤为重要了。针对如何确定侵权因果关系问题，在理论上有不同的学说：（1）条件说。该说认为，凡是引起损害结果发生的条件都是损害结果发生的原因，这种理论不承认事实上因果关系与法律上因果关系的区别，而在逻辑上将导致结果出现的所有条件都视为法律上的原因，行为人都要承担责任，此说适用性不太强。（2）原因说。该说主张应对原因和条件加以严格区分，仅承认原因和结果之间存在因果关系而不承认条件和结果之间存在因果关系。其中原因是对结果发生起主要作用的条件，而其他条件对结果的发生仅起辅助作用，因而不具有对结果的原因力。这一学说应用广泛，后形成了多种主张，其中以必然因果关系说最为严格，即只有当行为人的行为与损害后果之间存在内在的、本质的、必然的联系时，才具有法律上的因果关系。（3）相当因果关系说。是目前各国的通说，是大陆法系国家认定因果关系的一种比较合理的、科学的理论，该说经过长期的发展，已被德国、我国的台湾地区等大陆法系国家和地区所采纳。相当因果关系说是指“依一般观察，于有同一之条件可发生同种之结果时，其条件与其结果为有

因果关系”。[1] 我国著名学者梁慧星教授认为，相当因果关系说“要求判明原因事实与损害结果之间在通常情况下存在的可能性。这种判断非依法官个人主观臆断，而是要求法官依一般社会见解，按当时社会所达到的知识和经验。只要一般人认为在同样情形有发生同样结果之可能性即可”。[2] 可见相当因果关系不要求违法行为与损害结果之间具有直接的因果关系，只要行为人的行为对损害结果存在某种适当性条件，即认为是构成了相当因果关系。因此，相当因果关系的必备要件有二：一是行为与结果之间具有某种可能性联系；二是按常人标准，行为可能造成的后果与实际发生的结果之间有“相当性”，即“无此行为，虽不必生此损害，有此行为，通常即足以生此种损害者”。[3]

本案原告周某某和被告娄某某均系限制民事行为能力人，对其行为的性质和后果均有一定的认识能力。根据审理查明的事实，虽然原告周某某受伤与被告娄某某用力过大致其倒地有直接因果关系，但原告周某某故意找被告娄某某的事，去扒娄某某裤子的行为是原告周某某发生伤害的诱因、条件，可见原告周某某的前因行为与其自身受伤的结果具有相当因果关系，是原被告二人原因力的竞合才导致原告周某某的伤害结果。

（二）原告是否存在过错

过错是行为人主观上的一种应受谴责的心理状态，包括故意和过失两种情形。故意是指行为人明知自己的行为会发生侵害他人权益的结果，并且希望或者放任这种结果发生的主观状态。过失是指行为人应当预见自己的行为可能发生侵害他人权益的结果，但却因为疏忽大意而没有预见，或者已经预见而轻信能够避免的主观状态。我国民法通则将过失分为重大过失和一般过失。所谓重大过失，是指行为人极为疏忽大意的情况；而一般过失则是指尚未达到重大过失的过失。

具体到本案，原告周某某作为受害人，是否有故意呢？受害人的故意一般指受害人明知其行为将导致对自己造成某种损害而仍然有意为之的一种主观心理状态。作为一种免责事由的受害人的故意，意味着损害的发生是因为

① 史尚宽：《债法总论》，中国政法大学出版社2000年版。
② 黄清华：《医药卫生法制理论研究与律师实务》，中国法制出版社2001年版。
③ 王泽鉴：《侵权行为法（第一册）》，中国政法大学出版社2001年版。

受害人自身的故意行为所致。从过错角度而言，当受害人对损害的发生具有故意时，意味着损害结果是受害人所追求的，受害人的行为是损害发生的惟一原因；从因果关系而言，在受害人故意的情况下，表明损害和受害人的行为之间具有直接的因果关系，因此应当由受害人承担全部损害。而本案原告的行为不是其受伤发生的惟一原因，是与被告娄某某用力过大致其倒地有直接因果关系，可见本案原告作为受害人主观上不存在故意。

受害人的过失，是受害人没有采取合理的注意或者可以获得的预防措施来保护其身体、财产以及其他权益免受损害，以致遭受了他人的损害或者在遭受他人损害后进一步导致了损害结果的扩大。简言之，受害人的过失主要包含的是对自身安全或利益的忽视。受害人的过失不是违反不得侵害他人权益的义务，而是违反了对自己的保护义务，此种义务在法律上是一种不真正义务，违反此种义务的后果是对受害人产生不利益，导致其不能获得赔偿或减少赔偿，并不产生对他人的损害赔偿责任。具体到本案，原告周某某找事在先，作为限制民事行为能力人，对其行为的性质和后果应有一定的认识，原告应预见到多次扒娄某某裤子的行为，会惹急娄某某，娄某某可能会做出反击行为而导致原告受伤，但实际上原告仍然多次去扒娄某某的裤子，最终惹急娄某某，导致后来原告的受伤。因此，原告作为受害人缺乏对自身安全的注意，存有过失，法律基于衡平原则与诚实信用原则的要求，规定侵权人不应承担非由自己造成的那部分损害。

（三）原告作为受害人其行为是否必须具有违法性

受害人的行为是否必须如同加害人的行为一样，具备违法性呢？有学者认为：“受害人之行为虽无须为违法，然就其为自己之利益或在伦理之观点上，应为不当之行为。”因此，从性质上看，受害人的行为或为违法行为，或为不当行为，但不是阻却违法的行为（如正当防卫、紧急避险）或合法行为（如依法执行公务、行使合法权利）。

未成年人天性活泼好动，而且我们没有禁止其追逐嬉戏的法律规定和校园制度。本案中原告周某某扒被告娄某某裤子的行为，有人认为，这是同学之间的嬉戏，不应具有责难性。如果一概否认，那孩子们的天性就会被泯灭。笔者认为，任何校园游戏，都有一定的潜在危险性，我们不可能完全禁止，但我们应在自己所识范围内注意。原被告作为在校四年级学生，均具有一定的自尊心和羞耻心，原告在公众场合扒被告裤子的行为，势必会对被告的自尊造成一定的影响，会引起被告的反抗。当然，原告扒被告裤子的行为虽不具有违法性，但确是不当的。

综上，原告因采取了不当行为，引发被告的反抗，后被告由于用力过大造成原告受伤的结果，原告的行为与其自身受伤有相当因果关系，原告存有过错，应对自身受伤的结果承担相应的责任。

二、确定责任主体和责任比例问题

（一）确定适格的被告

未成年人侵权案件中，未成年人是受害者的，未成年人是原告，其法定监护人为法定代理人，这点无争议；未成年人是致害者的，谁是适格的被告？在审判实践和理论中存在以下三种不同的意见：一是未成年人虽然不具有民事诉讼行为能力，但具有民事诉讼权利能力，侵权行为是由未成年人实施的，被告也应该是未成年人，其父母应该作为他的法定代理人参加诉讼。二是谁承担责任就由谁作为被告。由于未成年人不具备完全民事行为能力，不能独立承担民事责任，所以因未成年人侵权所产生的民事责任一般是由未成年人的监护人来承担的。如果在诉讼中将未成年人列为被告，判决未成年人承担责任，而最后却执行其监护人的财产，这在理论中上是行不通的。因此，应把未成年人的监护人直接作为被告，而不把未成年人作为被告。三是将未成年人及其父母列为共同被告。笔者同意第三种观点，理由是：（1）从实体上讲，《中华人民共和国侵权责任法》第三十二条规定："无民事行为能力人、限制民事行为能力人造成他人损害的，由监护人承担侵权责任。监护人尽到监护责任的，可以减轻其侵权责任。有财产的无民事行为能力人、限制民事行为能力人造成他人损害的，从本人财产中支付赔偿费用。不足部分，由监护人赔偿。"由此可看，该侵权行为的赔偿义务主体首先为有财产的被监护人本人，如被监护人没有财产或财产不足赔偿时，义务主体为监护人。（2）从程序上讲，民事诉讼法第四十九条第三款规定："当事人必须依法行使诉讼权利，遵守诉讼秩序，履行发生法律效力的判决书、裁定书和调解书。"可见，人民法院的裁判只对案件的当事人具有约束力。如果不是案件的当事人，即不受人民法院裁判的约束，无履行生效法律文书的义务。监护人不以共同被告参加诉讼，而只以法定代理人的身份参加诉讼，法院最后经审理认为该致害未成年人应当承担责任却最后判决由该法定代理人

（监护人）承担，这显然在法理上是不符合逻辑的。因此将未成年人和其监护人列为共同被告，即符合立法本意，也能充分保障未成年人及其监护人维护其合法权益。

基于以上法理分析，并且根据《中华人民共和国侵权责任法》第三十二条“无民事行为能力人、限制民事行为能力人造成他人损害的，由监护人承担侵权责任。监护人尽到监护责任的，可以减轻其侵权责任”的规定，本案应当把被告娄某某的监护人娄某一、秦某某列为共同被告参加到诉讼中。但是在本案起诉阶段，原告仅将未成年人娄某列为被告，将娄某之父列为其法定代理人，本院经审查后，向原告进行法律释明，后以原告申请，将被告娄某之父母追加为被告，以保护原被告二未成年人的合法权益。

（二）学校或其他教育机构作为被告的责任承担问题

《中华人民共和国侵权责任法》第三十九条规定：“限制民事行为能力人在学校或者其他教育机构学习、生活期间受到人身损害，学校或者其他教育机构未尽到教育、管理职责的，应当承担责任。”本条中限制民事行为能力人受到人身伤害的情形，主要指以下两种类型，一种是学校未尽到教育、管理职责使其受到人身伤害，但并无直接致害人；另一种是该人身伤害是学校或其他教育机构内的其他未成年人、教职工等实施侵权行为造成的。本案即属于第二种类型。另外，本条将学校等教育机构的责任限制在限制行为能力人在学校等教育机构学习和生活期间，即无论是上课时间，还是课间休息时间，以及中午吃饭休息时间；无论是每学期中间，还是假期期间，只要是经学校允许在校期间，学校和其他教育机构都应对学生负有教育、管理的责任。而且根据《中华人民共和国侵权责任法》第三十九条的规定，学校和其他教育机构承担的是过错责任，在举证责任上，应该遵循“谁主张，谁举证”的原则，也即由受到伤害的限制民事行为能力人及其监护人承担学校、教育机构未尽到教育、管理职责的举证责任。如果限制民事行为能力人及其监护人不能举证证明学校和其他教育机构都未尽到教育、管理职责，则学校和其他教育机构部承担责任。

本案发生在下午上课前，被告和其他同学根据学校规定在安排自行车时，很显然是在学习、生活期间，属于学校管辖范围内，学校应对学生负有教育、管理职责。原告诉称根据学校规定，学生排车子时应有两名值班老师或管理人在场进行管理，而事发时值班老师或管理人员均未在场，另提交学生证明事发后去校门口将值班老师叫至现场的证据，被告东阿县某联校对此予以认可。原告周某某和被告娄某某均为限制民事行为能力人，在学校期间，被告东阿县某联校对周某某和娄某某负有教育、管理职责。而事发时被告东阿县某联校未尽到教育、管理职责，存在过错，故东阿县某联校作为被告应对原告周某某的损害后果承担相应的赔偿责任。

三、未成年人侵权案件中过失相抵原则的适用

（一）过失相抵的构成要件

过失相抵的构成要件，理论界存在多种学说，但不论哪种学说，笔者认为都是围绕过失相抵的客观要件和主观要件两个方面进行考察。

1. 过失相抵的客观要件，即指损害的同一性。这种损害的同一性包括两个方面：一是损害结果的同一性。即“得发生过失相抵者，常为赔偿义务人之过失所引发之损害，与赔偿权利人之过失所酿成之损害为同意，而且该二过失相互助成以致损害发生或扩大。”① 二是必须是侵权人与被侵权人的行为，均为损害发生或者扩大的原因。就是说，对于同一的损害结果，不仅侵权人的行为是其发生原因，而且被侵权人的行为与该损害结果产生或者扩大也具有原因力作用。如果损害结果同一，但损害原因互不相关，则不构成过失相抵。因此，损害结果的同一性和原因力的竞合，是适用过失相抵的客观构成要件。实践中常见的双方互殴是双方互为侵权行为，损害结果既非同一，也不存在原因力的竞合关系，故该种情形不能适用过失相抵。

2. 过失相抵的主观要件，是指受害人主观上有过错。虽然受害人的行为是损害结果发生或者扩大的共同原因，但如果受害人主观上没有过错，仍不能适用过失相抵，减轻侵权人的责任。侵权责任法第二十六条“被侵权人对损害的发生也有过错的”规定中的“过错”，表面上看似乎包括行为人的故意和过失两种主观状态，但从其后果为“可以减轻侵权人的责任”看，并结合侵权责任法第二十七条“损害是因受害人故意造成的，行为人不承担责任”的规定，可以看出，此处的过错仅针对被侵权人对损害发生有过失的情形。在侵权法上，对于过失的判断有两种学说，一种是过失的主观判断标准，另一种是过失的客观判断标准。现代各国侵权法理论和实务上都倾

① 曾世熊：《损害赔偿法原理》，中国政法大学出版社2001年版，第260页。

向于采用过失的客观判断标准。即通常认为，过失就是对“注意义务”的违反，这种义务是行为人能够意识到和能够履行的。构成必要的注意义务，应当具备两个条件：一是损害结果具有可预见性；二是损害结果具有可避免性。损害结果是否具有可预见性和可避免性，以行为人是否违反“善良管理人”的注意义务为标准进行判断。善良管理人的注意，就是通常合理人的注意，属于一种客观化或者类型化的过失标准。即行为人应当具备其所属职业（如医生、建筑师、药品制造者），某种社会活动的成员（如汽车驾驶人）或者某年龄层（老年人或者未成年人）通常具有的智识能力。在过失认定过程中，操作上就是以具体加害人的“现实行为”与善良管理人的“当为行为”进行比较。如果存在差距，即加害人的行为低于其注意标准时，即认定其有过失。①

作为判断过失的标准——“注意义务”，现代民法理论，一般将其根据行为人的注意程度，分为三个层级：一是善良管理人的注意，即为通常合理人或者与某一职业群体、某一专业领域的诚实、理性之人通常具有的知识经验、技术水平相当的注意。与此对应，应尽善良管理人的注意义务而未尽到的，行为人的过失为抽象的过失，即轻过失。二是与管理自己事务为同一程度的注意，这种注意程度通常低于善良管理人的注意程度。欠缺与处理自己事务为同一注意的，行为人构成具体的过失，即一般过失。三是普通人的注意或者一般人的注意。这种情形的注意义务程度最低，已经接近客观上能够注意的极限。与之相对应，欠缺普通人的注意的，构成重大过失。当然，上述分类仅为过失的判断提供理论上的参照，但过失的判断因案情而异，判断过失是一个非常复杂的过程，应当由审理案件的法官根据案件的具体情况，考虑相关的因素甚至在特定的场合还要结合法官的价值判断，来进行综合判定。②

（二）过失相抵原则在未成年人被侵权案件中的适用

在我国，专门针对受害者是未成年人的侵权行为中是否适用过失相抵原则或者如何适用等问题并没有特别进行规定，一般是按照民法通则第一百三

① 王泽鉴：《侵权行为法（1）》，中国政法大学出版社2001年版，第257～258页。

② 奚晓明主编：《〈中华人民共和国侵权责任法〉条文理解与适用》，人民法院出版社2010年版，第201页。

十一条“受害人对于损害的发生也有过错的，可以减轻侵害人的民事责任”和第一百三十三条“监护人尽了监护责任的，可以适当减轻他的民事责任”的规定进行规范。由此可见，我国对于未成年人的民事赔偿问题主要是由其监护人行使，按照上述规定监护人因疏于履行监护职责，致使未成年人受到损害，基于监护人与未成年人之间的监护关系，应当适用过失相抵原则，侵权人正好以此理由和观点进行抗辩，减轻一部分应当承担的责任，实务中，很多法官也是这样操作的。但是一概强调与成年受害者相一致的标准适用过失相抵，实则是强求未成年人对其监护人的不尽职行为进行买单，从而导致未成年人的损害无法得到全面、充足的赔偿，这显然与保护未成年人的宗旨相违背。①

关于监护人的过错是否及于未成年人，无论是认识上还是实践中都存有争议。笔者认为只有当监护人的监护过错导致了损害结果的发生时，即监护过错与损害结果有因果关系时，才能以监护过错为由进行过失相抵。笔者认为过失相抵必须符合以下条件：（1）有损害事实发生或扩大；（2）受害人存在故意或过失。这里明确指出是“受害人的故意或过失”，而不是“受害方”“监护人”“法定代理人”“原告”或其他人的“故意、过失”，而且这里的过失是指重大过失；（3）该故意或过失是“对同一损害的发生或者扩大”的故意或过失，即行为与损害结果有因果关系。受害人即便有过错，如果该过错与损害结果没有因果关系，也不构成“受害人的过错”。因此，未成年人被侵权的损害赔偿案件，适用过失相抵应谨慎。首先要重点考察未成年受害人的过错，而不是监护人的过错。根据“自己责任”原则，无论作为加害人还是受害人，自己的过错自己担，所以未成年人的过错由其自己承担。只是因为其没有完全民事行为能力，在无力承担责任的情况下由其监护人承担。同样未成年人无过错时，则不应承担责任，亦无责任须监护人为之承担。当无过错之未成年人受到侵权损害时，如果以监护人不在场或监护失职为由，认定受害方有过错，让无过错的未成年人或监护人承担责任，违背“自己责任”原则，明显存在逻辑错误，对受害的未成年人及其监护人不公。

同时在未成年人被侵权的损害赔偿案件，是否适用过失相抵还应注意两

① 参见彭丫：《审判实践中合理适用过失相抵原则的初探》http：//bhyhfy. chinacourt. org/public/detail. php？ id = 136.

个问题：(1) 如果监护人或未成年人具有明显的故意或重大过失，才实行过失相抵。只有一般过失时，不实行过失相抵。其法律依据参考《人身损害赔偿解释》第二条但书的规定——但侵权人因故意或者重大过失致人损害，受害人只有一般过失的，不减轻赔偿义务人赔偿责任。(2) 监护人有故意或重大监护过错，且该监护过错与损害结果的发生或扩大有因果关系时，才能认定为受害人存在过错，可以根据其过错程度裁量其应承担的责任比例，计算减轻侵权人的责任程度。

(三) 法院可依职权径行适用过失相抵原则

现代侵权法上，有关过失相抵原则，一般认为其源于公平观念和责任自负原则，是法律的衡平观念和诚实信用原则的产物。由此在具体的案件审理过程中法院可以依职权决定是否适用过失相抵原则，但这并不是说应当由侵权人负担的证明受害人是否有过错的举证责任就予以免除了。根据“谁主张，谁举证”的举证规则，侵权人需要提出证据证明受害人对损害的发生或者损害结果的扩大存在过错，受害人不负有证明自己的行为存在过错的举证责任，而在案件中是否适用过失相抵原则是由法院依职权进行认定，无须侵权人另行申请。

(四) 未成年人为受害人时，是否具有过失相抵能力

有关过失相抵能力，理论和实务存在不同的观点。理论上有三种学说：责任能力说、事理辨识能力说和客观说。在未成年人为受害人时，过失相抵原则的适用，理论上通说为责任能力说，即以未成年人有识别能力为必要。所谓识别能力，是指辨别法律上是非利害的能力，即认识其行为为法律所不容许，而需对其行为结果有所负责，易言之，即指辨别自己的行为在法律上应负某种责任的能力。① 但对于识别能力的判定，有学者认为，由于过失相抵的本质在于寻求加害人和受害人之间的公平，因此，受害人的识别能力不能与加害人对违法行为负责的责任能力等同，而应理解为加害人具有避免危险发生的识别能力或注意能力即可过失相抵。因此未成年人为受害人时，应当具有识别能力，才能适用过失相抵。而在审判实务中，在受害人为未成年人时，一般通过考量监护人与有过失而减轻监护人责任的方法，来实现当事

① 王泽鉴：《侵权责任法（第一册）》，中国政法大学出版社 2002 年版，第 276 页。

人之间的公平，笔者不同意这个观点，因为不符合“自己责任”的原则，而且监护人制度是民法为保护未成年人利益而设立的制度，优先保护未成年人的利益属于民法的基本原则，如果因为未成年人的监护人存在过失，就将其监护过失视作受害者未成年人的过失而进行过失相抵，显然有违法律对未成年人予以优先保护的宗旨。在审判实务中，不妨借鉴责任能力说确定未成年人是否有过失相抵能力，更有利于平衡并保护各方利益。

（五）过失相抵原则在责任承担比例上的适用

在受害人共同参与侵权行为导致损害的发生或扩大时，各方责任承担比例的确认尤为重要。就加害人而言，以使其积极地负担损害赔偿责任为宗旨，而过失相抵不过是决定因侵权行为引起的损害赔偿额时，从公平的角度出发，对受害人在损害的发生、扩大上的不注意应该如何斟酌的问题。为更好地发挥过失相抵公平分配损害的功能，并保持现行立法与司法的稳妥，在对《中华人民共和国侵权责任法》第三十二条进行解释时，可以考虑如下：10周岁以上的限制民事行为能力人，对自己法益的危险性具有辨识能力，足以达到抑制自己行为的支配能力。因此在限制民事行为能力人作为受害人共同参与侵权行为导致损害的发生或扩大时，具有过失相抵能力，应该以其未注意而适用过失相抵；10周岁以下的无民事行为能力人，对自己法益的危险性尚不具有辨识能力，不足以达到抑制自己行为的支配能力。因此在无民事行为能力人作为受害人共同参与侵权行为导致损害的发生或扩大时，不具有过失相抵能力，不应该以其未注意适用过失相抵。

本案原告即受害人为限制民事行为能力人，对自己法益的危险性具有认识能力，应该会意识到自己扒被告裤子的行为可能会引起被告的反抗，从而对自身造成危险。原告作为受害人确有损害事实发生，既然原告对该损害事实的发生有过错，且原告的过错行为与损害事实的发生有因果关系，因此本案应适用过失相抵原则来减轻被告的责任。根据以上分析，结合原被告对于本事故发生的过错程度和原因力的大小，本院酌定被告东阿县某联校承担原告周某某总损失的30%，被告娄某一、秦某某承担原告周某某总损失的50%，剩余20%由原告周某某自行承担。

（六）精神损害赔偿的过失相抵

过失相抵原则实际上是一种对侵权人和受害人责任份额进行分配的原

则，精神损害赔偿作为赔偿责任中的一种形式，理所当然可以适用过失相抵。2001 年 3 月 10 日施行的《最高人民法院关于确定民事侵权精神损害赔偿责任若干问题的解释》第十一条“受害人对损害事实和损害后果的发生有过错的，可以根据其过错程度减轻或者免除侵权人的精神损害赔偿责任”的规定就是对于精神损害赔偿适用过失相抵原则的最直接的体现。在如何适用的问题上，可以先根据损害后果确定精神损害赔偿金的数额，然后再根据侵权人与受害人的过错程度进行扣减或者免除。

本案原告周某某左胫骨骨折，损伤程度为十级，伤后 84 日内需陪护人员 1 名，对原告的正常生活、学习造成诸多不便，其精神痛苦和精神权益受损客观存在，故原告主张的精神损害抚慰金，法院予以支持，但具体数额考虑损害后果、原被告双方的过错等因素，酌情确定精神损害抚慰金为 1000 元。

笔者认为，过失相抵具有减轻甚至免除加害人损害赔偿责任的重要功能，在侵权责任法中具有极为重要的意义，而未成年人的保护与监护人责任的强化也具有重要的制度价值。如何在现行立法框架之内，调和未成年人的保护与过失相抵两个制度之间价值目标的矛盾，平衡并保护各方的利益，颇具理论与现实意义。

【域外考察与借鉴】

香港少年司法制度要览

刘计划*

香港少年司法制度特色鲜明，制度完善，有较多值得内地学习借鉴之处。现对香港少年司法制度作一介绍。

一、警察在少年刑事司法中的角色

香港警务处对青少年犯罪问题实施的策略是，多机构合作，采取打击、预防、等级性惩教、康复跟进等多种措施。香港警察对犯罪的少年有一定的实体处置权，主要是通过警司警诫计划实现。

（一）警司警诫计划简介

当一名未满18岁的少年人因犯案而被拘捕及有足够证据被起诉时，警方可以按一般案件处理，将其起诉交由少年法庭处理。另一种做法就是警司警诫。所谓警司警诫，是根据律政司授权，由一名警司或以上职级的警务人员行使酌情权，向该名少年施行警诫，而非对其提出刑事检控，即不再交由少年法庭审理。该名接受警司警诫少年人须接受警方的监管，最长年期为两年或直至18岁生日（两者中以较短的期限为准）。特别情况可以给予超过一次的警司警诫。警司警诫计划的目的是，免将少年犯带上法庭受审。因此，警司警诫计划为犯罪的少年提供了一个改过自新的机会。

* 中国人民大学法学院副教授，中国人民大学刑事法中心、纠纷解决研究中心研究员。

（二）警司警诫的适用条件

警司警诫适用的先决条件包括：（1）有足够证据检控；（2）自愿及明确认罪；（3）父母或监护人同意。警司警诫的酌情准则包括：（1）罪行的性质，严重性及猖獗性；（2）犯罪记录；（3）被捕人的态度；（4）犯案人家长或监护人的态度。附加酌情准则（有关毒品罪行）包括：（1）首次犯毒品罪行；（2）案件个别情况；（3）愿意寻求康复协助；（4）没有染上毒瘾。

（三）警司警诫的跟进服务

警司警诫的跟进服务包括青少年保护组、转介服务、家庭会议，采用多专业跨部门合作、跟进等方式。

1. 青少年保护组的目的是确保该少年犯不再犯案及确保不再与不良分子为伍。其行动为监督及监管，即安排同性别便装警务人员探访，探访次数应因罪行和案情的严重性及再犯风险而定。

2. 转介服务包括：社会福利署、教育局、社区支援服务计划的非政府机构，须取得家长或监护人同意。转介到社会福利署的条件为：有家庭或行为问题，需要社工的协助，没有父母或监护人照顾；家庭有经济困难，需要接受社会福利援助。转介到教育局的条件为：不足15岁，并已退学或未完成中三的课程；与在校的坏分子结交所致有学习问题；重新就学和适应学校生活。转介到社区支援服务计划的非政府机构的条件为：少年犯已退学；青少年已完成中三的课程及待业；少年或青年犯并未有参加其他青少年活动，如少年警讯、童军。目的是，改善人际关系；培养社会责任；重新融入主流教育；重新就业，从而减少再犯机会。

3. 家庭会议的目的是，集合各专业人士及被警诫青少年的家人，共同评估该少年犯的福利需要；共同拟订跟进方案。召开家庭会议的准则是：该少年被评为需要接受三个或以上机构服务；或该少年正接受第二次或以上的警诫。出席人包括：案件主管；社会福利署（主席）；医生、学校、青少年保护组、社会福利署（家庭服务部）、非政府机构社工、教育局辅导组督学。

二、法院在少年刑事司法中的角色

在香港，少年庭共有五个，分布于不同地区。九龙城裁判法院管辖九龙与将军坳地区，是全世界人口密度最大的地区。九龙城裁判法院少年庭是最繁忙的一个，每个星期有四天开庭，每天最少十个案件。另外四个少年庭每周开庭2至3天。

（一）少年庭的特色

少年庭有以下特色：

第一，为了令年轻的被告人情绪不会过度紧张，被告人的法律代表和案件主控官在少年法庭发言时是坐着的而不必站起来。此外，裁判官也不一定需要穿着法官袍出庭。

第二，少年法庭拥有闭门聆讯的权力，目的是保护少年被告人的隐私。一般来说，只有与刑事案件直接有关的人士以及被告人的直系亲属才可以进入或留在法庭之内。

第三，报社和新闻机构的代表也可以出席少年法庭的聆讯，但他们在书面报道或广播中不能披露任何年轻被告人或证人的姓名、地址或学校等资料。同时，任何可以令年轻被告人或证人身份被识别的资料及图片，都是不允许报道的。

第四，儿童或少年被告人的父母或监护人必须在法律程序的各阶段出庭，法庭可强迫其父母或监护人出庭。此外，法庭也可以命令其父母或监护人替被告人缴纳罚款。

第五，少年法庭的裁判官有绝对的酌情权，可以撤销被告人所面对的控罪，因此可以帮助犯了轻微罪行的儿童或少年人，不会受到刑事犯罪记录的不良影响。

第六，每当少年法庭进行聆讯的时候，都会有一位拥有丰富经验的社会福利署感化主任长驻在法庭之内。他的职责是提供意见给裁判官，去选择社会上合适的资源，例如各类特殊学校和训练课程等，来帮助有需要的儿童或少年人。

（二）少年法庭的主要工作类别

少年法庭的主要工作可分为两大类：一类是处理10岁以上16岁以下之儿童及青少年人所犯的刑事案件；二是考虑颁发和跟进“保护令”的工作。“保护令”的服务对象一般是18岁以下的未成年人士。任何该类别的人士，如果他们受到其他人（包括其家人）的虐待或未能得到应有的照顾或保护，少年法庭就可以针对任何该类人士颁布一个为期不超过3年的“保护令”，从而保障这些人士的安全，及令他们身心两方面都可以得到充分的照顾。

（三）处理刑事案件的主要原则和方法

第一，未满10岁的儿童是完全不负刑事责任的。介乎10岁到14岁的儿童会先被推定为不能辨别是非的人，但如果控方能证实该儿童是明知故犯，那么这种推定便可以被推翻，从而令该儿童负刑事责任。例如，控方可传召儿童被告人的学校老师作证，指出该被告人曾被安排参加警务人员举办的关于黑社会组织的常识课程，故被告人应该明白邀请他人加入黑社会是非法的行为，而法庭也应该裁定被告人应该为其该等行为负全部法律责任。而已满14岁的人对自己的犯罪行为，须负全部刑事责任。

第二，少年法庭的审讯程序和成年人法庭的程序只有很微小的差别。例如，在少年法庭作证的14岁以下儿童证人并不需要宣誓，但法官会尽量确保这些儿童证人明了“讲真话”的重要性。

第三，在量刑方面，少年法庭所考虑的原则是侧重给被告人一个“改过自新”及“重新做人”的机会，否则不需要考虑判处有“阻吓力”或“惩罚性”的量刑选择。此外，法律亦有明文规定，除非没有其他更合适的选择，少年法庭不应该判处被告人接受监禁式的惩罚。少年法庭的裁判官在量刑时一般都是首先考虑最宽松的选择，例如，“守行为令”“罚款”或“保护令”等。

然而，对于犯罪情节较为严重，例如恶意伤人、贩运危险药物和涉及黑社会活动的年轻犯人，也必定会毫不犹豫采用果断的措施来作出有效的处理。当裁判官决定要判处较为严重的惩罚，例如，“感化令”“社会服务令”或“劳教中心令”等，也必须把有关的被告人正式定罪，同时警告他们，如果不能尽快改变行为上的错误，又或者重新犯罪，必定会面对更严厉的刑罚，或甚至长时间丧失人身自由。

（四）处理和跟进“保护令”的主要原则

“保护令”的服务对象范围很广。任何18岁以下的人士，如果他们曾经或正在受到袭击、虐待、忽略或性侵犯，又或者他们的健康、成长或福利可能受到忽略或损害，又或者他们的行为不受家长或监护人的控制而达到危险的程度等情况下，少年法庭的裁判官都可以考虑颁发一个“保护令”给任何该等类别的人士。

每一个“保护令”的个案中，法庭需要委任一位合适的监护人或机构来负责照顾该位需要受到保护或照顾的人士；与此同时，每一个“保护令”的个案中也必定有一位专业社工被委派负责长期跟进有关人士的进展及最新情况。

一般来说，如果获颁布“保护令”的未成年人士的家长或监护人决定不再履行监管或照顾的责任（最常见的例子是小孩子天生有严重的残缺或弱智），裁判官便会委派社会福利署署长作为该孩子的合法监护人。之后，有关方面便会尽量安排小孩子接受本地或外国的善心人士的领养，目的是希望他可以再过上正常的家庭生活。

此外，对于一些惯性离家出走的孩子，少年庭一般的做法是强制性地把他们送往男童院或女童院接受禁闭式的训练（每一次大约3至4个星期），从而希望达到以下几个主要目的：使他们有机会反省自己错误的行为；使他们可以暂时远离结识了的坏朋友；给他们一个良好的机会接受一些有益和有用的训练，例如，认识毒品的祸害，公民教育及亲子关系等课程。

“保护令”颁布之后，少年法庭的裁判官仍然会继续关注需要受保护人士的进展情况，并会在适当的时段要求负责个案的社工呈交“进度报告”。在“进度报告”的聆讯中，裁判官会根据实际情况及需要而改变，结束或延长保护令内的各种安排。

三、香港社会福利署、社工、感化官等在少年刑事司法程序中的参与

（一）社会服务令计划

社会服务令是一种法庭判刑，即要求违法者在12个月内完成不超过240小时无薪社会服务工作，并可代替或附加于其他判决（除了感化令之外）。适用对象是14岁以上违法人士，被裁定犯了可判监禁的罪行，违法者同意接受社会服务令。

根据《社会服务令条例》规定，凡14岁或以上的人被裁定犯了可判罚监禁的罪行，就该罪行判处该人的法庭可作出命令，规定该人在命令有效期内，按照本条例的规定进行无薪工作，工作时数在命令中指明，但不超过240小时。法庭在判处社会服务令之前，社会福利署的感化主任须向法庭提交有关违法者的背景调查报告，以及评估违法者是否适合接受社会服务令的报告。这样可确保违法者适合进行社会服务工作，以及有合适工作可提供予违法者，并在得到该罪犯的同意下，才判处社会服务令。

法庭在作出社会服务令前，须以日常所用的语言向罪犯解释：该命令的目的及效力；如该罪犯不遵守任何该等条件及规定会产生的后果，或如该罪犯在社会服务令生效期间犯罪会产生的后果；如该罪犯或督导感化主任提出申请，法庭有权复核该命令。

所有被法庭判处社会服务令的案件，均会转介到社会福利署辖下的社会服务令办事处跟进。接受社会服务令的违法者，需要按社会福利署的指示，在署方监督下，进行若干的无薪社会服务工作，例如处理垃圾、植树等。署方也会在工作期间向违法者作出指导及提供技术支持。

判处社会服务令的考虑因素包括：公众利益、罪行性质、适合、违法者态度、社会背景、能力、得益。

适合社会服务令的条件包括：（1）社区利益。社区利益应受保护，要求违法者并非暴力倾向、性变态或其他损害他人的行为。（2）违法者的利益及康复。并非正在申请或处理工伤赔偿事宜；毋须接受院舍形式的治疗或训练；并不是有毒瘾的人；毋须接受密集式的家庭辅导服务或较长期的辅导服务，如心理辅导。（3）其他实务上要求。每星期从事最少两次四个小时或最多依次连续八小时的社会服务令；每月定期的辅导（不计算在无酬的工作之内）；懂中文或英文；在未来一年内必须留港；有固定地址作联络。

法庭判令后，社会服务令办事处执行法令。社会服务令办事处机构包括：感化主任，职责是负责工地以及联络、管理违法者；工地导师，负责联络、督导，为法庭撰写报告，报告进度；服令员，负责督导、辅导、安排工地。

被判处社会服务令的罪犯必须履行的责任包括：完成时数；遵守规则；工作表现满意；每月会见感化主任。无薪工作的安排方面：时间为每星期一至星期日；身份保密；临近地区；顾及宗教信仰；照顾其工作、上学、进修时间。

违反社会服务令的后果。被判处社会服务令的罪犯应当按规定履行无薪工作，并与感化主任保持联络，完成时数。违反社会服务令的，有关命令继续生效的原则下，法庭可判处不超过1000港币的罚款或撤销该命令，并就导致作出该命令的罪行重新判刑。

提供工作的机构包括：政府部门、医院、慈善机构、政府或资助中学、小学及幼儿园。

工作种类包括：（1）间接服务，包括墙画、水泥、木工、油漆、园艺；（2）直接服务，包括照顾老人、弱能人士、病人、筹办活动。

兼职工地导师对工程可行性提供专业意见，并负责直接督导、教授工作技巧及分派工作给一组社会服务令工作人员、协助感化主任协调工程的进度，撰写社会服务令工作员的表现评供感化主任参考。

（二）感化服务

感化令是法庭判刑的一种，是对违法者的康复服务。凡有人因犯某罪行而在法院受审，法院在考虑有关情况，包括该罪行的性质及罪犯的品性后，认为适宜作出感化令，可在定罪后作出感化令。被判令接受感化的罪犯不得被进一步判处刑罚。法官须向罪犯解释该命令的效力（包括任何额外规定）。如罪犯不少于14岁，则除非他表示愿意遵守该命令，否则法院不得作出该命令。

感化服务的精神是复康与惩罚，采用非囚禁式，以及小区层面的复康。感化服务的目标是，执行法庭的指令，以社会工作手法，引导违法者重归正途，使他们不但奉公守法，并能对社会作出贡献。

感化服务的对象是年满14岁或以上的违法者。服务年期为1至3年。

感化令的服务范围：（1）为法庭撰写判刑前的报告，就违法者是否适合接受感化令向法庭作出建议。（2）遵照法庭的指示，向受感化者提供感化督导。（3）感化主任会与受感化者定期会面、进行家访及其他活动，以提供监管、个别及家庭指导。

感化主任的主要工作手法包括辅导与监管。所谓辅导，包括：协助受感化者在态度及行为上作出正面的改变；提高受感化者的适应生活技巧；在康复的过程中，加强家庭；对受感化者的支持。所谓监管，包括：定期约见/家访；宵禁令，从而关注生活模式；涉及毒品问题的，进行尿液化验；检查工作、上学纪录。

感化令结果包括两种情况：一种情况是顺利完成；另一种是违反命令或触犯另一罪行的，由法庭更改或者延长感化令，或就其原有罪行判处刑罚。

感化事务义务工作计划包括：社区支援服务计划；心理治疗；感化院舍、住宿训练；戒毒服务；支援受感化者的服务。具体来说：

1. 心理治疗/精神科治疗。由社会福利署的临床心理治疗师或医院管理局的医生/临床心理治疗师提供深入的辅导/药物治疗，处理例如成瘾的偷窃、性观念偏差行为。

2. 社区支援服务计划。由社会福利署的社工提供有系统的日间训练，包括职业训练配套、辅导、治疗性小组、社区服务和社交小组等。改善处理问题的技巧，激发学习兴趣和工作动机。

3. 感化事务义务工作计划。目标是鼓励受感化者与社区内的义工建立友谊，推动市民关心和接纳受感化者，为受感化者提供指导和服务。感化义工的条件包括：满 21 岁或以上；完成中五课程或以上；思想成熟的人士。感化事务义务工作计划是一对一的义工配对，与受感化者建立友谊，引导参与文娱康乐活动、补习，教导技术/知识，提供情绪支援。

4. 感化院舍、住宿训练。包括：收容所，为 8 至 18 岁等候法庭作出保护和照顾安排的青少年提供短暂院舍服务；羁留院，为等候上庭及接受警方调查的 10 至 16 岁以下男女童提供羁留服务；拘留地方，为被裁定有罪的儿童或青少年提供不多于 6 个月的拘留；感化院舍，提供不超过 12 个月的感化住院训练；感化院，提供 12 至 18 个月的住院训练及为期 18 个月的善后辅导服务，训练内容侧重品格和纪律培训。2007 年重置辖下感化/住宿院舍于新建成的屯门儿童及青少年院。

5. 为药物滥用者提供的服务。香港采用多模式方法提供戒毒治疗和康复服务，以切合药物倚赖者的不同需要和问题。一是强制戒毒。为犯微罪行的滥药者而设；提供 2 ~ 12 个月的强制戒毒治疗；以药物治疗为主；提供强制跟随督导。二是门诊治疗。包括物质滥用诊所、美沙酮诊所。三是自愿住院戒毒治疗及康复服务：自愿入住；提供住院治疗及康复活动；戒毒期可分长期及短期；善后辅导。

【统计与分析】

人民法院五年来审理未成年人犯罪案件统计分析报告（2009～2013）

最高人民法院研究室课题组*

根据最高人民法院办公厅《关于确定2013年全国各高级人民法院承担司法统计分析重点课题的通知》的要求，最高人民法院研究室课题组对五年来（2009年～2013年）全国法院系统办理未成年人犯罪案件的情况，进行了较为全面的分析和研判。现将有关情况报告如下：

一、未成年人犯罪的总体趋势

（一）未成年人犯罪案件逐年下降

2009年至2013年，全国法院共判处未成年被告人332789人。从每年所判处的人数看，呈逐年下降的趋势。（见图表一）

图表一　判处未成年罪犯人数图

---

* 课题组组长：胡云腾；副组长：马东；成员：蒋明、岳琳、马剑；执笔人：方芳、常晖、刘立杰。

2010年判处未成年人罪犯人数较2009年下降12.13%，2011年较2010年下降1.33%，2012年较2011年下降5.19%，2013年下降12.49%。

（二）判处的未成年罪犯占当年刑事罪犯总数的比例逐年下降

2009年至2013年，全国法院判处刑事罪犯总人数为5383650人，判处未成年罪犯人数占判处刑事罪犯总人数的比例为6.18%。具体年份的比例分别为7.79%、6.78%、6.40%、5.44%和4.82%，呈现逐年下降的趋势。数据表明，在社会各界的努力和支持下，预防未成年人犯罪工作取得明显成效。

二、未成年人犯罪的主要特征

（一）在犯罪类型方面，呈现高度集中的态势

五年来，全国法院判处的未成年罪犯主要涉及的犯罪类型包括侵犯财产犯罪、侵犯公民人身权利犯罪和妨害社会管理秩序犯罪三大类。从具体罪名上看，主要集中于抢劫罪、盗窃罪、故意伤害罪、故意杀人罪、寻衅滋事罪和聚众斗殴罪，犯这六种罪名的未成年罪犯占全部未成年罪犯的88.01%，反映出当前未成年人犯罪类型的高度集中，且具有明显的贪利性，抢劫、盗窃犯罪案件占案件总数的60%以上。（见图表二）

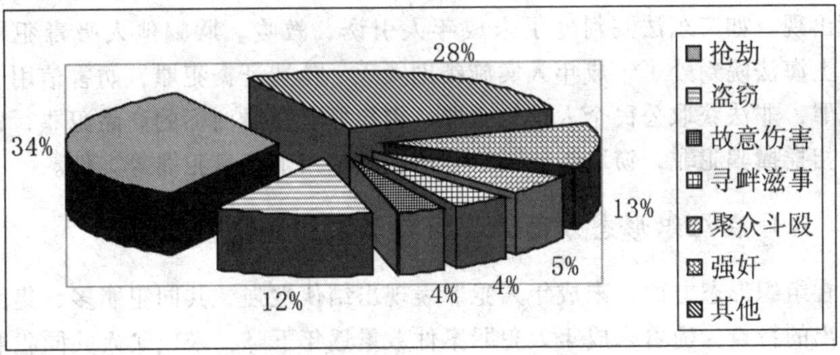

图表二　未成年人犯罪主要类型分布

（二）在犯罪手段方面，暴力性特征较为明显

在五年判处的未成年罪犯中，实施故意杀人、故意伤害、强奸、抢劫等四类严重暴力犯罪的169301人，占判处未成年罪犯总数的50.87%，说明

使用暴力是未成年人犯罪的重要手段之一。在历年所判处的四类严重暴力犯罪案件中，犯抢劫罪的未成年罪犯均居于首位。数据表明，与未成年人犯罪人数逐年递减一致，未成年人抢劫犯罪亦呈现逐年递减趋势，从 2009 年的 29884 人减至 2013 年的 14710 人。（见图表三）

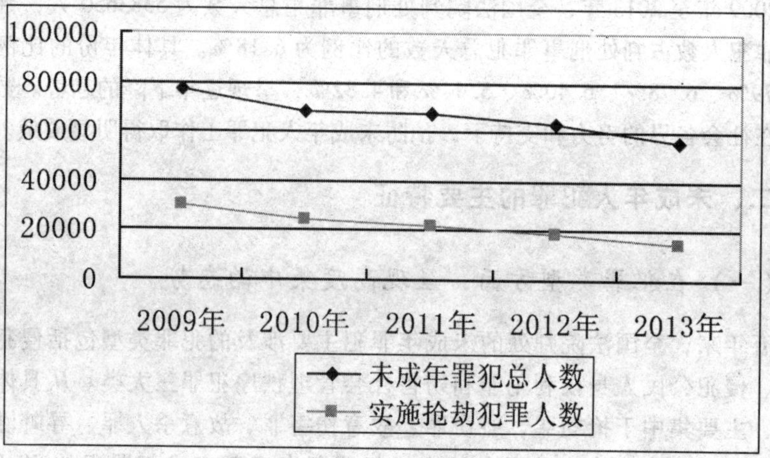

图表三　判处未成年抢劫罪犯人数变化曲线图

与此同时，未成年人犯罪的智能化水平不断提升，一些新类型的犯罪不断出现。如广东法院判处了未成年人引诱、教唆、欺骗他人吸毒犯罪案件；上海法院判处了未成年人实施帮助毁灭、伪造证据犯罪，妨害信用卡管理犯罪，非法获取公民个人信息犯罪，销售假冒注册商标的商品犯罪，冒充军人招摇撞骗犯罪，窃取、收买、非法提供信用卡信息犯罪等案件。

（三）在组织形态方面，共同犯罪占相当比例

在组织形态方面，未成年人犯罪表现出结伙性强、共同犯罪多、集团犯罪突出的特点。随着未成年人犯罪案件数量逐年下降，未成年人共同犯罪的案件数量也在相应下降，2009 年至 2013 年分别为 9280 件、7935 件、7569 件、6946 件、6091 件。

但是，未成年人共同犯罪问题仍然较为严重，实施共同犯罪的未成年罪犯在所判处的未成年罪犯中占有相当大的比重，平均占比超过 20%。五年来占比分别为 25.24%，23.95%，23.56%，22.19%，22.52%。（见图表四）

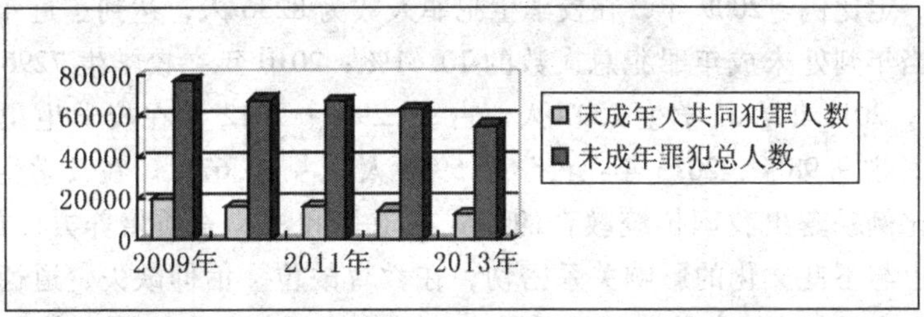

图表四　判处共同犯罪未成年罪犯人数变化示意图

（四）罪犯身份较为集中，主要是农民、无业人员和学生

近年来判处的未成年罪犯中，农民、无业人员、学生占据较大比重，其中，身份为农民的最多，占总数的40.74%。（见图表五）

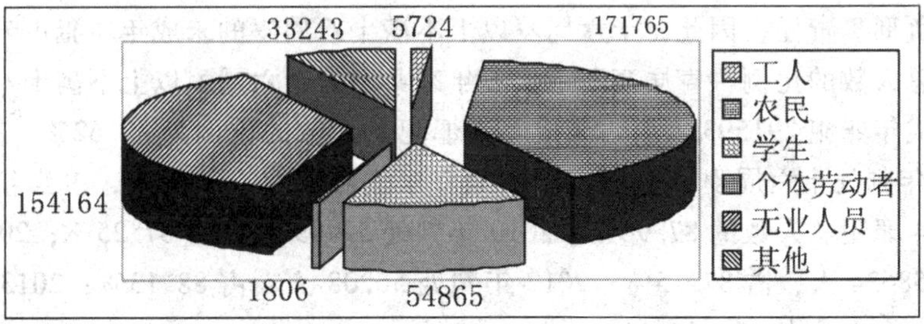

图表五　未成年罪犯身份构成

此外，从各地法院报送的材料来看，现阶段，北京、上海、广东等东部发达地区普遍面临外来务工人员子女犯罪比例居高不下的问题，与此同时，河南、四川等中西部劳务输出大省又面临大量农民进城务工后留守未成年人违法犯罪逐渐上升的问题。这些区域性未成年人犯罪问题，与我国当前经济社会的发展阶段密切相关，不仅是一个区域性的问题，更是一个阶段性的问题，应当引起我们足够的关注。具体情况将在后文阐述。

在判处的未成年罪犯中，身份为无业人员居第二位，占总数的36.57%。这主要是因为当前我国社会十四至十八周岁的未成年人存在“双失”（失学+失业）现象。对于这部分未成年人，家长往往难以履行监护职责，学校无法开展教育，社会也尚未建立有效的监管机制，他们实际处于失管状态，一旦受到环境等因素的不良影响，极易走上犯罪道路。

在校学生犯罪一直是社会关注的焦点，在判处的未成年罪犯中，在校学生占有一定比例。2009年，在校学生犯罪人数为8236人，达到了近年来最高值，占当年判处未成年罪犯总人数的10.61%；2010年在校学生7296人，占10.70%；2011年在校学生7597人，占11.29%；2012年在校学生犯罪人数6367人，占9.98%；2013年在校学生5956人，占10.67%。在校学生犯罪占据一定比例暴露出我国传统教育的模式在道德和法律素质培养方面的缺失，同时，也与不良文化的影响关系密切，在教育缺位、信仰缺失、道德失范的境况下，未成年学生往往难以承受暴力、色情等不良文化的侵蚀，变得暴戾、自我、极端、易于冲动，继而走上犯罪道路。具体情况将在后文阐述。

（五）在年龄结构方面，十六周岁以上不满十八周岁的未成年人占将近九成

由于未满十六周岁的未成年人一般都在学校接受义务教育，且只对八类犯罪负刑事责任，因此，十六周岁以上不满十八周岁的未成年罪犯占未成年罪犯总人数的比例一直居高不下。五年来共判处十六周岁以上不满十八周岁的未成年罪犯291593人，占未成年人罪犯总人数的比例为87.62%。其中，2009年判处十六周岁以上不满十八周岁未成年罪犯68217人，占当年判处未成年罪犯总人数的87.90%；2010年判处59499人，占87.25%；2011年判处58634人，占87.15%；2012年判处56208人，占88.13%；2013年判处49035人，占87.85%。

（六）在文化程度方面，初中以下学历人员占较大的比例

判处的未成年罪犯中，文化程度为初中的占大多数，其余依次是小学文化程度、高中文化程度、文盲、大专以上文化程度。（见图表六）

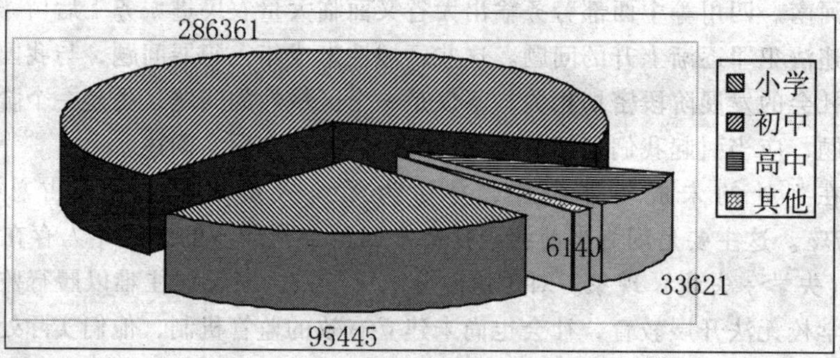

图表六　未成年罪犯文化程度分布

从图表六可以看出，五年来判处的未成年罪犯中，初中文化程度的286361人，小学文化程度的95445人。另据司法统计数据显示，在判处的未成年罪犯中，有4369人是文盲，以上共计386175人，占未成年罪犯总人数的91.60%。文化程度的高低，在一定程度上影响了未成年人是非判断、控制和约束自我行为的能力。部分未成年人在只接受完义务教育，甚至没有接受完义务教育的情况下走向社会，由于缺乏谋生的必要技能，在经济窘迫时极易转化为犯罪人群，这也在一定程度上决定了未成年人犯罪类型主要为贪利型犯罪。从这一点上讲，逐步提高我国义务教育水平，缩小地区之间教育水平差距，对于预防未成年人违法犯罪具有重要意义。

（七）在性别构成方面，女性未成年罪犯占据较小比例

2009年至2013年，全国法院共判处女性未成年罪犯10377人，占判处未成年罪犯总数的3.12%，每年判处的女性未成年罪犯人数基本保持稳定。（见图表七）

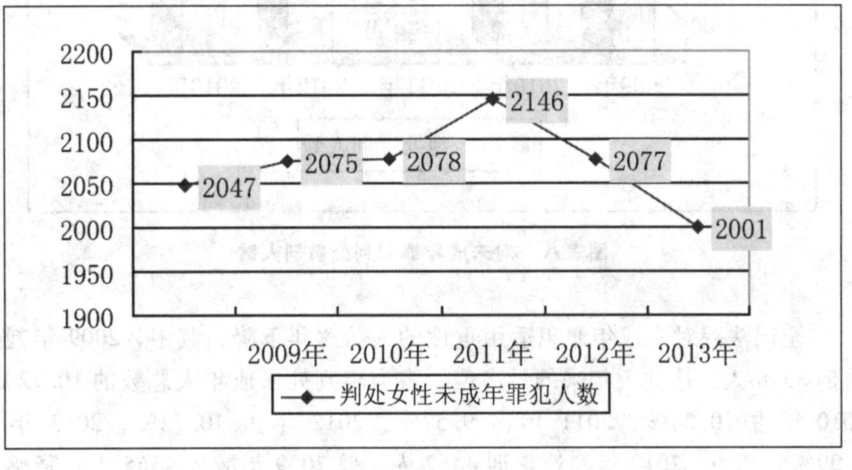

图表七　判处女性未成年罪犯情况

在犯罪的类型方面，女性未成年罪犯所实施的主要是盗窃犯罪、抢劫犯罪、走私、贩卖、运输、制造毒品犯罪和故意伤害犯罪。

（八）在刑罚适用方面，重刑率稳中有降，非监禁刑适用比例逐步提高

全国法院认真贯彻“教育为主、惩罚为辅”原则和“教育、感化、挽救”方针，积极推进对未成年罪犯量刑的轻缓化，重刑（五年有期徒刑以上刑罚）适用比率稳中有降，非监禁刑适用率不断提高。

2009年以来，对未成年罪犯判处五年以上有期徒刑、无期徒刑32155人，占判处未成年罪犯总人数的9.66%。（见图表八）

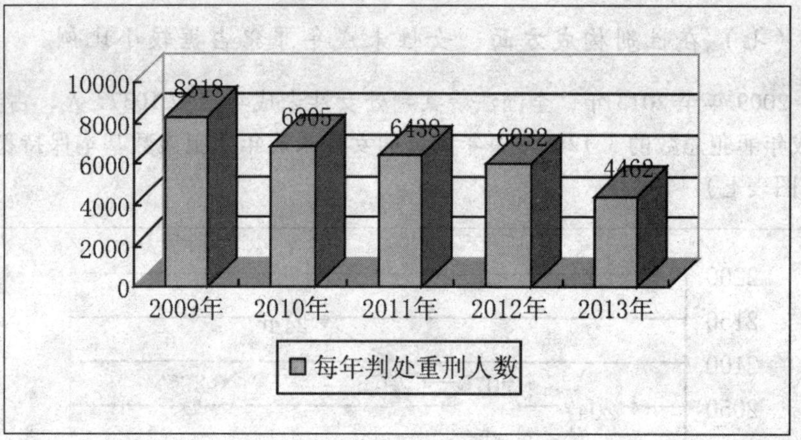

图表八　对未成年罪犯判处重刑人数

全国法院对未成年罪犯适用重性的人数逐年下降，其中，2009年判处重刑8318人，达到近年来的最高值，占当年判处未成年人总数的10.72%。2010年占10.24%，2011年占9.57%，2012年占10.72%，2013年占7.99%。其中，2013年判处重刑4462人，较2009年减少4365人，降幅达到46.31%，此下降趋势与未成年人犯罪总人数下降一致，且降幅更为明显（2013年未成年人犯罪总人数比2009年下降28.05%）。

与此相反，判处非监禁刑的比率呈总体上升的趋势，五年来共对未成年罪犯判处缓刑、管制、单处罚金等非监禁刑122797人，占判处未成年罪犯总人数的36.90%。其中，2009年判处非监禁刑25015人，占当年判处未成年罪犯总人数的32.23%，2013年判处非监禁刑22584人，占当年判处未成年罪犯总人数的40.46%，较2009年提高8.34个百分点。（见图表九）

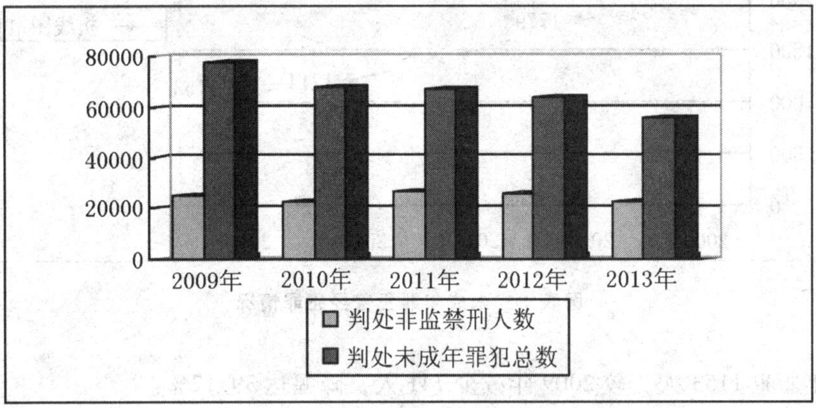

图表九　对未成年罪犯适用非监禁刑情况

但从本次调研收集到的材料看，各地法院在非监禁刑适用上，存在着区域不平衡的问题。五年的司法统计数据显示，山东、辽宁、青海、黑龙江、吉林、天津、内蒙古等7个省、自治区、直辖市法院未成年人犯罪非监禁刑适用比率高于50%，其中，山东法院适用非监禁刑比率最高，达56.53%；安徽、河北、江苏、宁夏、四川、河南、新疆、湖南、重庆、甘肃、山西、云南等12个省、自治区、直辖市法院未成年人犯罪非监禁刑适用比率在40%至50%之间；北京、西藏、陕西、广东、湖北、江西、福建等7个省、自治区、直辖市法院未成年人犯罪非监禁刑适用比率在30%至40%之间；广西、浙江、贵州、海南、上海等5个省、自治区、直辖市未成年人犯罪非监禁刑适用比率低于30%，其中，广西法院适用比率最低，为21.68%。

（九）在重新犯罪率方面，显著低于全部罪犯重新犯罪率且较为稳定

在判处的未成年罪犯中，曾经实施过犯罪的人员7504人，占2.25%。具体年份的情况，见图表十。

与近年来全国法院判处的未成年人罪犯人数逐年下降的趋势相对应，每年判处的未成年罪犯中，曾经实施犯罪的人员也在逐年下降。其中，2009年判处曾经实施犯罪的未成年罪犯1894人，2013年判处曾经实施犯罪的未

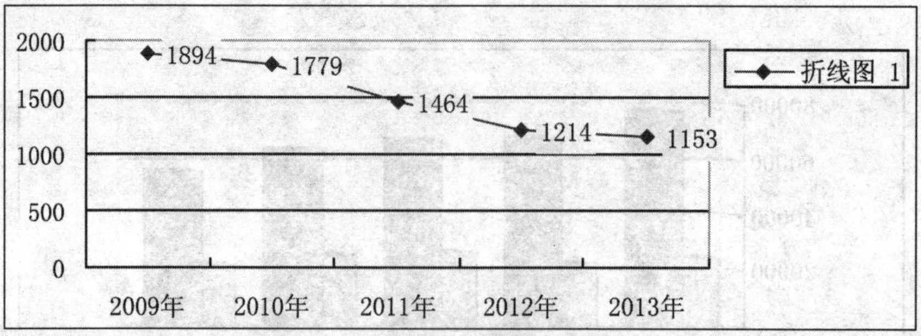

图表十　未成年罪犯曾经犯罪情况

成年罪犯1153人，较2009年减少741人，降幅达39.12%。

同时，我们也注意到，五年间，我国未成年人重新犯罪率较为稳定，一直维持在较低水平，其中，2010年达到近年来最高点2.61%，此后有所下降，2012年未成年人重新犯罪比率为1.91%，为近年来最低点。此外，未成年罪犯重新犯罪率明显低于全部刑事罪犯重新犯罪率，2009年以来，未成年人重新犯罪率较同期全部刑事罪犯重新犯罪率分别低4.35、4.48、5.25、5.39和5.59个百分点，呈逐步拉大趋势。（见图表十一）

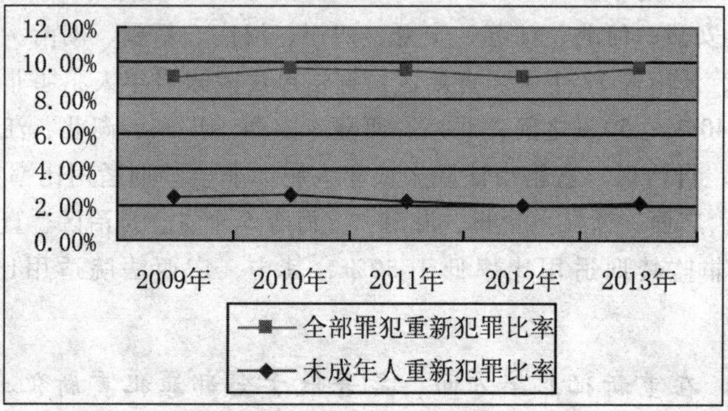

图表十一　未成年人重新犯罪比率

但是，根据各地法院上报的材料，未成年人重新犯罪与初次犯罪相比往往具有更大的人身危险性和社会危害性，并呈现出由冲动型、偶然型犯罪向预谋型、惯犯型犯罪过渡的态势，所犯新罪往往比前罪要严重很多。抽样显示，未成年人犯罪曾犯罪名和再犯罪名以抢劫罪、故意伤害罪和盗窃罪为主，且前罪量刑相对较轻，基本都在有期徒刑三年以下，相当部分的未成年罪犯被宣告缓刑，而后罪刑期则相对较重，甚至达到无期徒刑。因此，增强未成年罪犯教育矫正的效果应成为当前和今后一段时期的重点工作。

（十）网络引发未成年人犯罪呈上升趋势，应予关注

通过对北京市、河南省、广东省五年来判处的未成年罪犯进行的抽样统计显示，判处的12595名未成年罪犯中，有1670名未成年罪犯的犯罪行为系由网络引发，占抽样样本的13.26%。其中，通过对8008个有效样本进行年度分类显示，2009年至2012年网络引发未成年人犯罪的比例总体呈增加趋势，具体比例是：2009年6.76%，2010年10.17%，2011年12.38%，2012年14.55%，2013年1～6月份略有降低，比例为12.78%。

与网络引发的未成年人犯罪比例总体呈上升趋势相反，样本中网络引发的未成年人犯罪案件中，共同犯罪人数总体呈下降趋势，具体比例分别为：2009年58.97%，2010年78.61%，2011年75.12%，2012年73.17%，2013年1～6月份57.14%。这可能与家庭网络的普及导致未成年人在网吧内结识不良朋辈实施共同犯罪的机会减少有关。但即便如此，网络引发未成年人共同犯罪的比例整体上仍然处于高位运行，抽样显示五年来的总比例为70.30%。（见图表十二）

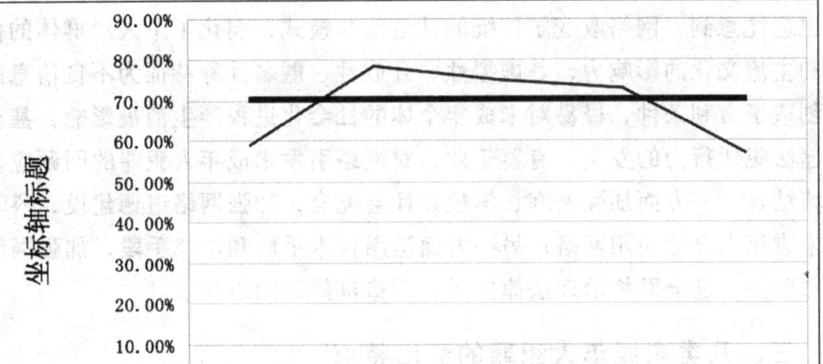

	2009年	2010年	2011年	2012年	2013年
各年度比例	58.97%	78.61%	75.12%	73.17%	57.14%
五年来总比例	70.30%	70.30%	70.30%	70.30%	70.30%

图表十二　网络引发的未成年人共同犯罪中共同犯罪人数所占比例

网络引发的未成年人犯罪仍以侵财类和暴力性犯罪为主。从统计数据看，网络引发未成年人犯罪的具体类型仍以侵财类犯罪和暴力性犯罪为主，抢劫罪、盗窃罪、故意伤害罪、强奸罪、聚众斗殴罪等是网络引发未成年人犯罪的主要类型。抽样统计显示，广东省899名网络引发的未成年人犯罪样本中，按照所占网络引发未成年人犯罪人数的比例由高到低排序，所涉罪名分别为盗窃罪（32.37%）、抢劫罪（23.03%）、抢夺罪（13.90%）、故意伤害罪（10.79%）、涉毒犯罪（3.34%），占83.57%；河南省907件网络引发未成年人犯罪案件中，按照所占网络引发未成年人犯罪案件的比例由高到低排序，罪名分别为抢劫罪（35.61%）、盗窃罪（30.10%）、故意伤害罪（13.56%）、强奸罪（6.48%），占86%。

网络引发未成年人犯罪原因和方式主要有以下几类：一是因缺钱上网而实施的抢劫、盗窃、诈骗等犯罪；二是因受网络暴力、色情等不良信息影响模仿实施的犯罪；三是因上网或在网络虚拟环境中与他人发生争执，最终演变为现实生活中的斗殴、伤害类犯罪；四是因在网吧交友不慎，与他人共同实施的犯罪；五是因炫耀技术、贪恋钱财等，运用电脑病毒实施的犯罪；六是出于报复、泄愤或其他个人目的而利用信息网络实施的编造、故意传播虚假恐怖信息、诽谤、侮辱等犯罪。

现代社会中，网络与人们的生活息息相关，担当着越来越重要的角色，但也应注意到，网络改变了传统的社会参与模式，弱化了个人对群体的依赖性和主流文化的影响力，其虚拟性、开放性、匿名性等特征为不良信息的传播创造了有利条件，极易对未成年个体的社会化进程产生消极影响，甚至引发违法犯罪行为的发生。有鉴于此，对网络引发未成年人犯罪的问题应坚持疏堵结合，一方面加强家庭、学校和社会配合，加强网络道德建设，科学引导未成年人合理使用网络；另一方面运用技术手段和法律手段，加强网络管理和监控，健全网络治理法律体系，营造良好的网络环境。

三、几类未成年人犯罪的突出特点

（一）外地户籍未成年人犯罪情况

1. 外地户籍未成年人犯罪在经济发达城市占绝对多数

随着城市化的加速推进，大量外地人口进城务工，一些大中城市外来务工人员子女犯罪率居高不下，已经占据未成年人犯罪的绝对多数，并且比例远远超过外地户籍人口在当地总人口中所占比例，凸现出外地户籍未成年人犯罪的严重性。

2009年至2013年6月，北京市未成年罪犯共2114人，其中，京籍占32.7%，非京籍占67.3%。同期北京市外地户籍人口占全市常住人口的36.3%。

2009年至2013年6月，广州市外地户籍未成年罪犯共5716人，占所有未成年罪犯的比例为71.59%。外地户籍未成年人犯罪人数分别为：2009年1265人，2010年1839人，2011年1233人，2012年1973人，2013年1~6月528人。同期广州市外地户籍人口占全市常住人口的37.48%。

2009年至2013年6月，上海市外地户籍未成年人犯罪人数共5299人，占未成年罪犯的比例为81.38%。其中，2009年1454人，占70.01%，2010年1180人，占84.17%，2011年1039人，占82.46%，2012年1170人，占86.73%，2013年1~6月456人，占83.82%。同期上海市外地户籍人口占常住人口的比例是40.1%。

2. 外地户籍未成年人犯罪仍以侵犯财产型、暴力型犯罪较为突出

侵犯财产性犯罪，占外地户籍未成年人犯罪的比例较高，其中抢劫罪、盗窃罪、抢夺罪表现突出。以广州为例，2009年至2013年6月，犯抢劫罪的外地户籍未成年人共1853人，占未成年罪犯的23%；犯盗窃罪的外地户籍未成年人共1509人，占未成年罪犯的19%；犯抢夺罪的外地户籍未成年人共599人，占未成年罪犯的8%。

3. 外地户籍未成年人非监禁刑适用率逐年提高

随着《刑法修正案（八）》的正式实施，未成年人平等司法保护理念的不断提升，外地户籍未成年人非监禁刑适用比例逐年提高，但仍低于平均水平，反映出外地户籍未成年人监管条件存在缺失，表明未成年人平等司法保护理念尚未全面落实。

以上海和广州为例。2009年至2013年，上海市外地户籍未成年人非监禁性适用率虽然稳步提升，但略低于上海市未成年人适用非监禁性的平均水平。上海市未成年人非监禁刑适用率为21.73%、24.85%、32.66%、38.32、36.17%；外地户籍未成年人非监禁刑适用率分别为20.29%、23.46%、31.96%、37.81%，35.23%。（见图表十三）

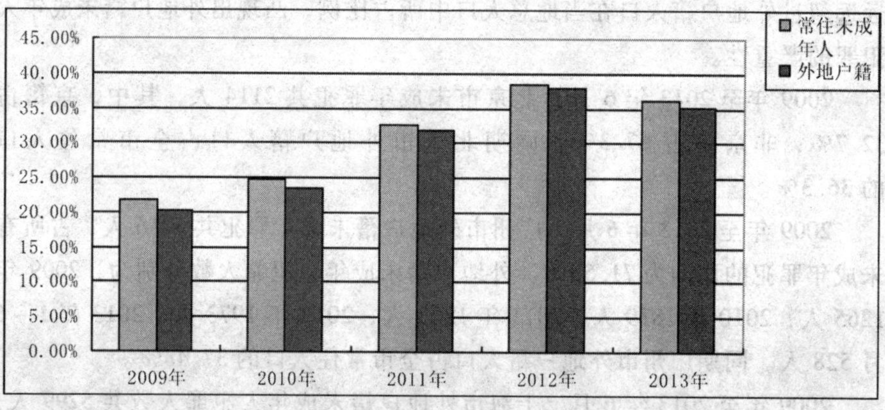

图表十三　上海市未成年人适用非监禁刑比例

广州市外地户籍未成年人非监禁刑适用率提升明显，2009年至2013年非监禁刑适用率为：10.04%、20.83%、37.31%、38.22%、32.87%，但也低于广州市未成年人非监禁刑平均适用率：2009年11.08%，2010年24.66%，2011年48.58%，2012年40.09%，2013年39.85%。（见图表十四）

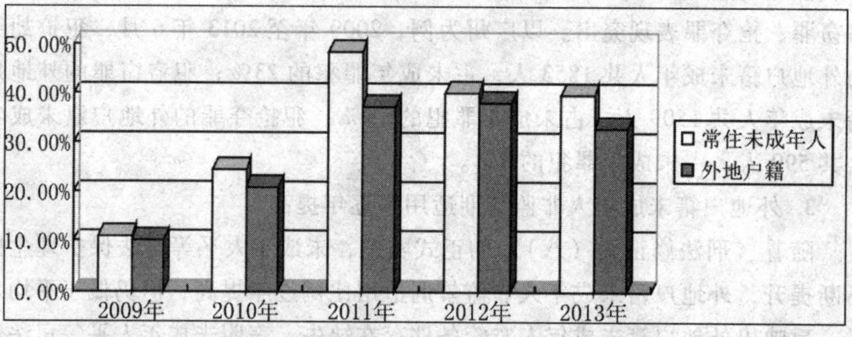

图表十四　广州市未成年人适用非监禁刑比例

4. 外地户籍未成年人犯罪原因复杂：一是家庭教育缺位。父母普遍文化程度较低，忙于打工，对子女平时的表现情况及交友情况知之甚少，疏于监管和交流。二是社会配套机制不够健全。很多外地户籍未成年人无法在城市获得平等的受教育权和就业保障，容易导致他们辍学或者成为闲散人员，而他们的家庭也大多处于社会底层，生活当中接触到的人员鱼龙混杂，一些未成年人受到教唆、引诱，从而走上犯罪之路。三是受到不良风气影响。不少外地户籍未成年人年纪较小就走上社会，由于没有专业的知识和技术，多数从事劳动密集型的工作，工作辛苦而获得的报酬较低，有的未成年人受到社会上拜金主义、享乐主义，渲染暴力色情等不良风气的影响，人生观、价值观和道德观被误导，产生不劳而获的想法，甚至不惜铤而走险，通过盗窃、抢劫、抢夺、绑架等方式获取财物。

（二）留守未成年人犯罪情况

随着我国社会经济的快速发展，外出经商、务工的人越来越多，孩子被委托给年迈的双亲或其他亲友照看，于是便产生了“留守未成年人”这一特殊群体。由于缺失正确的家庭教育和管理，“留守未成年人”多存在习惯差、行为差、成绩差的“三差”问题，这些未成年人很容易受到诱惑，走上违法犯罪道路。

1. 留守未成年人犯罪整体比例不高

抽样数据显示，2009 年至 2013 年 6 月，河南省驻马店市两级法院审理的案件中，未成年罪犯共 1209 人，其中留守未成年人 247 人，占未成年犯罪人数的 20.43%。四川省成都市未成年犯管教所近五年的统计数据看，留守未成年人犯罪的比例稳定在 18% ~20% 之间。

2. 留守未成年人犯罪前大都有越轨表现

从成都市犯罪留守未成年人的表现情况看，犯罪前有越轨表现的 23 人，占 92%。常见的越轨表现为逃学、夜不归宿、沉迷网络游戏，15 人犯罪前沉迷网络游戏，13 人偶尔夜不归宿，12 人经常逃学。更进一步的越轨表现是斗殴、携带刀具、偷窃行为，有 7 人在犯罪前有斗殴、携带刀具、偷窃的行为。

3. 留守未成年人犯罪所涉罪名集中

留守未成年人犯罪案件大多集中在侵犯财产罪、侵犯公民人身权利罪和妨害社会管理秩序罪等三类犯罪案件中。抽样调查湖南省长沙市 196 名留守未成年人犯罪的案件分析情况表明，2009 年的暴力性犯罪和侵财性犯罪分别为抢劫 31.1%、盗窃 33.8%、故意伤害 9.7%。2010 年，抢劫、故意伤害这两类暴力性犯罪分别占 47.5%、6.15%，抢劫、盗劫、抢夺这三类侵财性犯罪占 47.5%、26.2%、6.15%。

4. 留守未成年人犯罪对象和犯罪动机具有偶然性、临时性、冲动性

留守未成年人内心敏感，实施犯罪行为往往也具有偶然性、冲动性，侵害对象大多并没有事先预谋，仅仅是在偶然事件的诱导和刺激下临时起意，

实施犯罪时不顾及后果。

5. 留守未成年人犯罪原因

一是自身文化水平较低，缺乏家长、学校、社会有效地监督、帮助，缺乏明辨是非的能力，法律意识淡漠，情绪敏感易激动。在遭遇自认为不公平或受到歧视时，容易冲动引发暴力犯罪。二是隔代监护人与留守未成年人的年龄差距大，代沟明显，加之大多数文化程度低，能力不够，精力不足，对孩子溺爱心理严重，不能正确的与孩子交流、沟通，难以很好承担起教育的责任；寄养亲属普遍存在对被寄养人重吃穿、轻性情培养，重身体、轻心理教育的现象，对孩子的学习成绩、品行修养尤其是对心理和精神的需求关注较少，这些留守未成年人容易产生“寄人篱下”的自卑心理，进而使他们过早地到社会上寻求消极的东西弥补心灵空白，以至误入歧途。三是部分学校的管理和规章制度不健全，对留守未成年人监管不严，缺乏与家长的必要联系和沟通，对成绩较差、爱寻衅挑事的留守未成年人，一些老师持放任态度，造成很多厌学逃学的留守学生，混入社会结交社会上的闲散青年做朋友，容易走上违法犯罪道路。

（三）不完整家庭未成年人犯罪情况

1. 不完整家庭未成年人犯罪总体呈上升趋势

家庭、学校和社会环境是影响未成年人犯罪的关键因素，其中家庭环境对未成年人犯罪行为的影响最为直接。通过对北京市、广东省、河南省五年来判处的未成年罪犯进行抽样显示，14486 个有效样本中有 2004 名未成年罪犯来自不完整（离异、单亲、服刑在教人员、重组）家庭，占抽样样本人数的 13.83%。其中，通过对 9499 个有效样本进行年度分类，显示五年来不完整家庭未成年罪犯占全部未成年罪犯的比例虽有小幅波动，但总体呈增加趋势，具体比例 2009 年为 12.68%，2010 年为 12.32%，2011 年为 12.55%，2012 年为 14.85%，2013 年 1~6 月份为 17.90%。

2. 不完整家庭未成年人犯罪以侵财类、暴力性犯罪为主

通过对 1222 名来自不完整家庭的未成年罪犯所犯罪名进行统计，结果显示抢劫罪、盗窃罪、故意伤害罪是不完整家庭的未成年人实施的主要犯罪类型。其中，犯抢劫罪的未成年罪犯占 39.03%，犯盗窃罪的占 33.39%，犯故意伤害罪的占 11.70%，不完整家庭未成年罪犯实施上述三类犯罪的比例占到了 84.12%。与普通家庭未成年犯罪类型相比，不完整家庭未成年人犯罪亦以侵财类、暴力型犯罪为主，未显示出具有对比意义的特异性。

3. 不完整家庭未成年罪犯非监禁刑适用率较低

通过对 1476 名来自不完整家庭的未成年罪犯的量刑情况进行统计显示，不完整家庭的未成年罪犯被判处的刑罚相对较轻，有 76.97% 的人被判处三年以下有期徒刑，但被判处非监禁刑的比例相对较低，仅占统计样本总数的 29.00%，明显低于全国平均水平 36.91%，这与不完整家庭中的未成年人缺少监管、教育条件，再犯风险较大，缓刑适用率相对较低存在一定关系。(见图表十五)

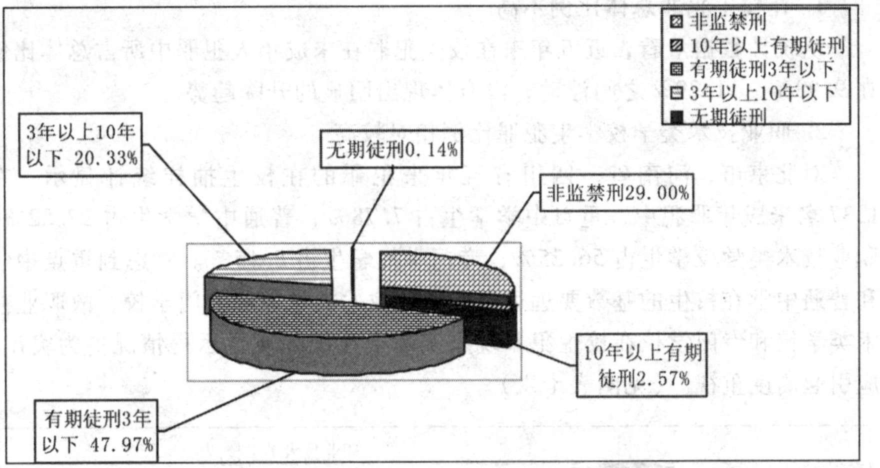

图表十五　不完整家庭未成年罪犯量刑情况

一般而言，结构完整的家庭，具备了对未成年子女进行良好教育的基础，更能有效发挥家庭的功能，有利于未成年人顺利实现社会化；不完整家庭则不利于家庭功能尤其是家庭对未成年子女的教育功能的发挥，不能有效抵御未成年人在社会化过程中所受到的消极因素的影响，导致未成年人通过不良社会交往汲取不良亚文化杂质，形成越轨价值观和行为规范，并引发违法犯罪行为的发生。

虽然在不完整家庭中成长的未成年人，其犯罪率高于健康家庭中的同龄人，不完整家庭与犯罪的联系在统计学上存在显著的正相关，但家庭环境并不是由单个因素决定的，家庭环境对未成年人犯罪的影响具有间接性，其主要通过家庭功能缺失表现出来。换言之，如果不完整家庭成员对未成年家庭成员的支持程度高、成员之间家庭关系好，家庭结构不完整对未成年人的消极影响就会被削减甚至被抵消。因此，家庭成员间的关系往往比家庭结构更重要，不完整家庭中的未成年人需要家庭成员更多的关爱、教育和引导，更需要学校、社会给予更多的关心和帮助。

（四）在校生犯罪情况

未成年犯罪大多发生在青春期，这正是未成年人逐渐摆脱父母影响、加深对老师及同辈依赖的时期，因此犯罪与学校教育之间的关系逐渐成为社会关注的焦点。

1. 在校生犯罪总体比例不高

从统计数据上看，近五年来在校生犯罪在未成年人犯罪中所占总体比例在9.98%~11.29%之间浮动，没有体现出明显的升降趋势。

2. 职业技术类学校学生犯罪比例相对较高

对北京市、河南省、四川省五年来犯罪的在校生抽样统计显示，在1337名未成年罪犯中，重点中学学生占7.78%，普通中学学生占27.82%，职业技术类学校学生占56.25%，专门学校学生占8.15%。考虑到重点中学和普通中学在校生的基数要远远高于职业技术类学校和专门学校，故职业技术类学校和专门学校在校生犯罪现象实际上比统计所显示得情况更为突出，应引起高度重视。（见图表十六）

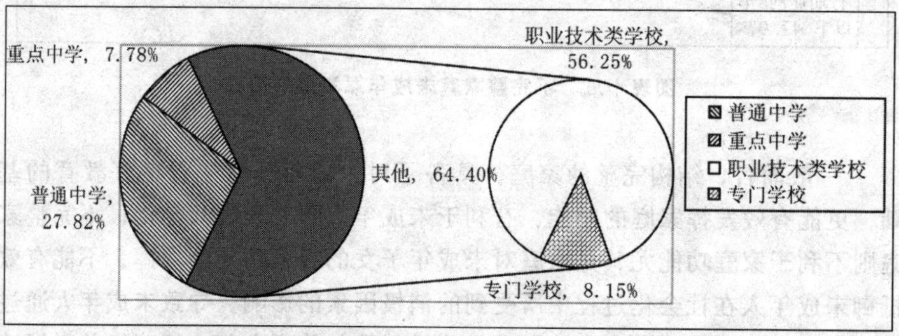

图表十六　在校生犯罪学校类型分布

当前，我国学校教育结构不合理，职业教育和专门教育发展滞后所导致的职业及专门教育师资力量薄弱、教育方式简单、教育内容趋向功利等问题，对职业学校和专门学校学生的教育效果产生了消极影响。同时，在当前的教育体制下，职业技术等学校的学生综合素质参差不齐，自主学习能力相对较弱，在学业上较难获得家长和社会的认可，在各种压力之下，容易形成不良的亚文化群体，故引发违法犯罪的比例相对较高。

3. 在校生实施的单纯侵财类、暴力性犯罪呈上升趋势，实施抢劫罪的比例逐年下降

从犯罪类型上看，当前未成年学生犯罪以抢劫罪、故意伤害罪、盗窃罪、聚众斗殴罪、寻衅滋事罪或强奸罪为主，所占比例详见图表十七。

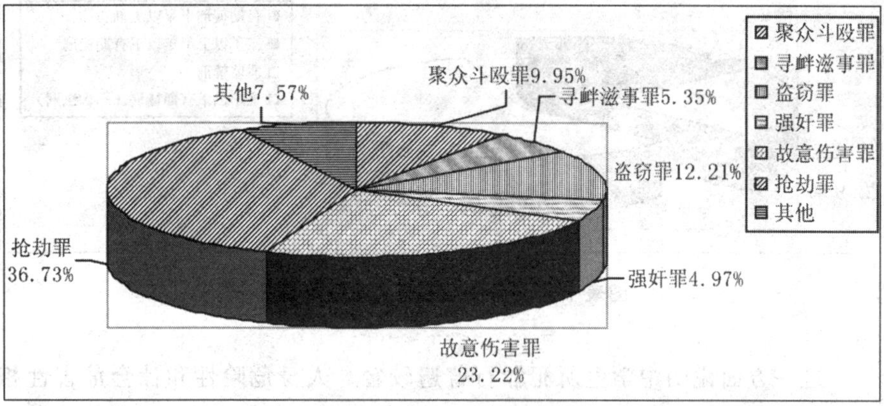

图表十七　在校生犯罪类型统计

从近五年的发展变化趋势上看，在校学生犯盗窃、诈骗两罪的比例总体呈上升态势，但2010年至2011年所占比例比2009年略有下降，具体比例2009年为27.38%，2010年为25.81%，2011年为26.30%，2012年为29.18%，2013年为30.29%。

在校学生实施暴力性犯罪（主要包括放火、爆炸、投放危险物质、故意伤害、性犯罪、绑架罪等）整体所占比例除2012年小幅下降外，总体上呈现上升趋势，尤其是未成年在校生实施故意伤害犯罪的比例由2009年的21.31%逐渐上升至2013年的25.24%，与抢劫罪所占比例逐步接近。

在校生犯抢劫罪的比例五年来持续下降，所占比例2009年为43.52%，2010年为39.64%，2011年为36.08%，2012年为32.79%，2013年为28.84%。这说明当前未成年学生单纯因经济原因而实施的暴力性犯罪（如抢劫罪）逐步减少，因其他原因（如哥们义气、冲动等）而实施的暴力性犯罪逐渐增加，反映出当前未成年学生的情绪控制能力、心理调适能力以及是非观念均有待进一步增强。

4. 在校生犯罪的量刑相对较为轻缓

在所判处的刑罚方面，根据课题组对河南、四川两省的抽样统计显示，人民法院对在校生犯罪案件的刑罚适用较为轻缓，非监禁刑适用率达58.27%，远远高于全国平均水平36.91%。（见图表十八）

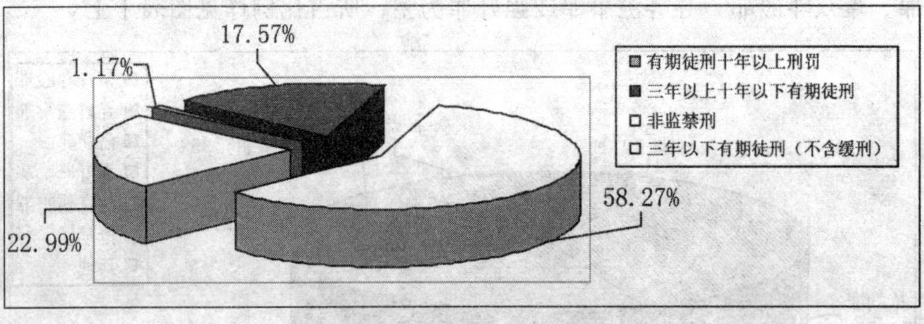

图表十八　在校生犯罪刑法适用情况

这一方面说明中学生所犯罪行普遍较轻，人身危险性和社会危害性相对较小，易于教育改造；另一方面也反映出人民法院在判处刑罚时，充分考虑到学生犯罪的特殊性，秉持教育为主，惩罚为辅的司法理念，尽力为他们改过自新创造有利的刑罚条件。

学校作为未成年人接受正规社会化教育的主要场所，是未成年人学习知识和人格塑造的关键阶段，学校教育得当，可以促进未成年人的健康成长，有利于未成年人顺利实现社会化，并能有效地遏制未成年人违法犯罪；反之，则可能诱发未成年人违法犯罪。在现代家庭结构变迁、功能向社会转移的背景下，学校教育作为一种较为易控的措施，今后应成为预防和减少未成年人犯罪的重要组成部分。

四、加强和改进未成年人犯罪预防工作的对策建议

未成年人犯罪，从表象上分析，应当是个人、家庭、学校、社会等四方面因素共同影响的结果；从更深层次上考量，暴露出我国当前社会转型过程中所呈现的内在结构性矛盾以及社会资源整合机制的缺位。因此，要实现对未成年人犯罪的有效预防和控制，除了不断提高未成年人自身素质外，必须依靠政府各部门的统筹协调，社会各界的广泛参与，政法各机关的继续努力，最根本的，必须依靠国家经济社会的健康发展和社会资源的科学整合，保障未成年人能在和谐、稳定、积极向上的社会环境中健康成长。

当前和今后一个时期，应当以公共权力部门为核心，着力家庭、学校、社会齐抓共管的未成年人犯罪防治体系。通过本次调研，我们提出如下建议：

一是强化家长责任，突出家庭在预防未成年人犯罪方面的基础地位。家庭是未成年人生活的主要场所，家长是孩子的第一老师，也是终身老师。家庭教育是否得当，关系到孩子的人生走向。审判实践中发现，未成年人违法犯罪问题的发生，与家庭环境尤其是父母的教育引导有很大的关系。许多误入歧途的未成年人，都是在成长阶段思想、心理和行为出现偏差没有得到及时引导和纠正，很多家长不知道如何正确教育引导孩子所致。此外，家庭还可能成为伤害未成年人的场所，有的家长缺乏未成年人权利意识，教育方式不当，对子女经常殴打辱骂，甚至家暴虐待引发恶性案件。因此，预防未成年人犯罪，最为重要的是强化家长责任，这就需要政府和社会各界进一步加大投入，加强指导。一是政府有关部门、妇联、共青团等通过开展培训、发放宣传手册、接受咨询、走访家庭等形式，做好家庭教育指导服务，特别是向困难家庭、留守儿童家庭、流动人口家庭以及未成年子女涉嫌违法犯罪的家庭提供更多的指导服务。二是指导家长花费更多的心思在孩子身上，照料其生活，监管其学习，让孩子体会到家庭的温暖和生活的幸福，避免孩子因感觉不到家人的关心而去“混社会”。三是指导父母改进教育方法，避免简单粗暴，家庭教育不是简单的说服教育，更不是粗暴的辱骂与殴打，需要以教育学、心理学、伦理学、社会学等综合知识为基础，再辅以正确的教育技巧和方法。

二是完善学校教育，突出学校在预防未成年人犯罪方面的先导作用。“教育是最有效、最经济的社会控制工具，学校教育作为社会控制的工具不仅是现实的，而且是永久的。”“多建一所学校，就少建一所监狱。”因此，一要持续加大学校法制教育的投入。无论是义务教育阶段的学校，还是非义务教育阶段的学校，无论是普通中小学校，还是职业技术学校，都应当保证对法制教育的足额投入，决不能走过场，应付了事，更不应当搞花架子，不讲实效。二要不断丰富学校法制教育的内容。注重分析新时期、新形势下未成年人犯罪的特点，及时掌握未成年人所思、所想，关注社会热点，注重因时、因地、因人制宜，不断提高教育的针对性和有效性。三要努力创新法制教育的方式方法。通过组织学生编排法治情景剧、法治小品，拍摄、播放法制微电影等方式，丰富教育载体，鲜活教育内容，引导学生从被动学习向主动学习转变，从死记硬背到活学活用转变。

三是强化行政干预，突出政府部门在预防未成年人犯罪方面的主体地位。承担社会管理主要职责的政府部门对于防范未成年人犯罪，负有不可推卸的责任。现阶段，要加强和改进预防未成年人犯罪，政府应重点做好以下工作：一要加强外地户籍未成年人教育权利保障。外来务工人员在城市居住区普遍存在配套不完善、教育资源匮乏等问题，农民工子女上学难，而专门为农民工子女提供教育的学校，存在师资力量不足、师资素质不高、教学设施落后等问题，有的甚至存在安全隐患，教育质量与其他学校相去甚远。目前，一些省市虽然出台了异地中考、高考政策，在不同程度上解决了上述问题，但是，要解决外地户籍人员子女升学难问题，仍然任重而道远。二要推动城乡发展一体化，加快城镇化发展，就近提供务工岗位。留守未成年人犯罪是工业化、城市化进程中的产物，解决留守未成年人问题，需要通过发展本地经济，创造更多的就业和务工机会，吸引农村劳动力就近务工，让农村未成年人可以随父母进城生活、学习，这样能够保证农民工在务工挣钱的同时，对未成年子女进行监管和教育，避免父母监护职责的缺失。三要努力提高义务教育水平。我国未成年人犯罪主要集中在十六至十八周岁的未成年人，一般而言，十六周岁恰好是高中教育的起始年龄，目前我国已满十六周岁的未成年人同时处于失学、失业状态以及家庭监管缺失的情况非常严重。如能提高义务教育水平，将现行的九年义务教育延伸至十二年义务教育，充分保证上述未成年人能够接受系统教育，将会有效解决这一年龄段未成年人犯罪居高不下的现状。四要加大文化市场整治力度。深入持久地开展“扫黄打非”专项斗争，将不良影视等文化产品对未成年人的不良影响降至最低；坚决依法取缔黑网吧、黑录像厅、黑游戏机房等非法经营场所，切实加强对营业性游戏机房、网吧、歌舞厅等娱乐场所的监督和管理，严禁未成年人进入；切实加强学校周边环境整治，努力为学生创造安全、文明、健康的学习环境；鼓励优秀文化产品的创作和传播，提供更健康的娱乐产品和休闲文化，积极引导未成年人健康成长。五要全面落实对未成年罪犯的社区矫正工作。充分发挥司法行政机关职能作用，努力吸纳社区义工、青年志愿者、教育专家和其他社区成员参与做好社区矫正工作，凝聚教育、改造未成年罪犯的强大合力。同时，积极探索对矫正对象的职业培训、文化教育、心理辅导，真正为每个未成年罪犯提供有所学、有所为、有所改变的社区环境。

四是注重群治群防，突出社会力量在预防未成年人犯罪方面的能动作用。积极发挥农村基层组织、乡村学校的功能。有条件的农村基层组织可以建立儿童之家，组织本地志愿者为留守未成年人提供生活帮助、心理辅导，让热心公益人士与留守未成年人结成帮扶对子。乡村学校要建立关爱留守未成年人帮扶制度，让有条件的教师与留守未成年人结成帮扶对子，在日常生活、学习中对留守未成年人进行管理和帮助。各级共青团、妇联、关工委等群团组织要关心、关爱、关注青少年健康成长，特别是要加强对闲散未成年人、进城务工人员未成年子女、服刑在教人员未成年子女、流浪乞讨未成年人、农村留守儿童和有不良行为未成年人等重点群体的日常摸底排查，开展“一对一”“多对一”的学习辅导、就业培训、心灵抚慰和生活帮扶，有的放矢地减少上述未成年人步入犯罪的可能性。切实加强对未成年人的救助和服务，通过开通法律援助热线、建立“心灵驿站”、开展大学生志愿行动、健全“代理家长”制度等多种方式，推动社会力量共同参与未成年人帮扶。与此同时，推动立法机关和相关职能部门完善立法、健全制度，提升未成年人犯罪预防工作的法制化、制度化水平。

五是坚持惩防并举，突出司法机关在预防未成年人犯罪方面的“闸门”作用。在预防与控制未成年人犯罪方面，司法是最后的“闸门”。我国30年的少年司法实践表明，公、检、法机关在防范和治理未成年人犯罪方面采取的分案起诉、分案审理、社会调查、圆桌审判、合适成年人参与、法庭教育、心理辅导、判后帮教等措施是行之有效的。因此，有必要进一步总结经验，发扬成绩，全面推广。具体而言，在机构和人才队伍建设方面，要继续推进独立建制未成年人案件公诉机构、审判机构建设，继续加强未成年人案件侦查、起诉、审判专门队伍建设，培养、打造一支热爱少年司法事业、精通未成年人保护工作业务的专家型警察、检察官和法官队伍；在司法制度方面，认真贯彻执行修改后刑事诉讼法未成年刑事案件诉讼程序，切实做到教育与惩罚并重，保护与打击并重；在司法延伸工作方面，进一步创新判后帮教工作的思路、方法，努力推动有关部门联合建立失足未成年人安置帮教基地工作，有效整合社会资源，为缺乏监护条件的未成年人提供监管条件，实现未成年人平等适用非监禁刑罚，为失足未成年人提供学习知识和技能的条件，促使他们顺利回归社会；积极开展形式多样的送法进校园、进社区、进乡村、进家庭活动，努力推进未成年人法制宣传教育的普及和深化。